贵州省居民财产收入核算体系研究

李本光 ◎ 著

西南交通大学出版社
·成 都·

图书在版编目（ＣＩＰ）数据

贵州省居民财产收入核算体系研究 / 李本光著. —成都：西南交通大学出版社，2020.8
ISBN 978-7-5643-7528-7

Ⅰ. ①贵… Ⅱ. ①李… Ⅲ. ①国民收入分配 – 研究 – 贵州 Ⅳ. ①F126.2

中国版本图书馆 CIP 数据核字（2020）第 146573 号

Guizhou Sheng Jumin Caichan Shouru Hesuan Tixi Yanjiu
贵州省居民财产收入核算体系研究

李本光 / 著	责任编辑 / 罗爱林
	助理编辑 / 李芷柔
	封面设计 / 吴　兵

西南交通大学出版社出版发行
（四川省成都市二环路北一段 111 号西南交通大学创新大厦 21 楼　610031）
发行部电话：028-87600564　　　028-87600533
网址：http://www.xnjdcbs.com
印刷：成都勤德印务有限公司

成品尺寸　170 mm×230 mm
印张　14　　字数　208 千
版次　2020 年 8 月第 1 版　　印次　2020 年 8 月第 1 次

书号　ISBN 978-7-5643-7528-7
定价　78.00 元

图书如有印装质量问题　本社负责退换
版权所有　盗版必究　举报电话：028-87600562

前言

改革开放以后,人们对经济效益的认识不断提高,社会经济和社会实践不断发展,我国的收入分配理论和方式也经历了"对平均分配主义的否定""对非劳动收入的肯定""允许生产要素参与收益分配""确立生产要素按贡献参与分配"到"鼓励居民增加财产性收入"的演变过程。

党的历次重要会议对我国居民收入分配理论和方式的发展给予重要关注和阐述。除按劳分配外的其他收入分配方式在党的十三大报告中第一次被写入我国收入分配制度中。党的十四届三中全会进一步提出按劳分配为主体,其他分配方式为补充的社会收入分配方式。党的十五大报告指出:"允许和鼓励资本、技术等生产要素参与收益分配",标志着对生产要素参与分配的认识进一步提高。党的十六大报告进一步确立技术、资本等生产要素可按贡献参与收益分配。党的十七大报告指出了"鼓励多种生产要素按贡献参与分配的制度,坚持并完善多种分配方式并存的收益分配制度""创造条件让更多群众拥有财产性收入"。党的十八大报告提出"多渠道增加居民财产性收入",十九大报告提出鼓励勤劳守法致富,扩大中等收入群体,增加低收入者收入,调节过高收入,取缔非法收入。构建居民财产性收入核算体系,合理核算居民财产收入,采取有效的政策措施以增加居民财产收入,具有十分重要的理论意义和现实意义。

本书研究内容如下:

第一章为概论,包括研究背景,增加我国居民财产性收入理论意义,增加我国居民财产性收入现实意义以及国内、国外文献综述。

第二章阐述相关理论及主要研究内容,包括古典经济学的财产性收入理论、新古典学派的财产性收入理论、马克思的财产性收入理论、财产性收入概念界定、研究内容以及研究创新点。

第三章是对贵州省居民财产状况抽样调查的分析，包括贵阳市居民财产状况调查分析、遵义市居民财产状况调查分析、毕节市居民财产状况调查分析、调查总体情况分析。

第四章分析我国现行财产收入核算体系存在的问题及主要原因，包括财产性收入内涵的观点、居民财产性收入分类、我国现行国民财产性收入核算体系存在的问题、我国现存财产收入核算体系存在问题的历史原因及现实因素。

第五章阐述居民财产收入的确认，包括财产确认、财产收入确认标准、居民财产确认条件、居民财产的分类及确认、居民各类财产收入确认标准以及居民财产收入的确认。

第六章介绍居民财产收入的计量，包括计量单位、计量属性、资产计量、负债计量、利息收入计量、股息与红利收入计量、保险收入计量、租金收入计量、知识产权收入计量以及财产增值收益计量。

第七章为居民财产收入核算指标体系设计，包括财产收入核算的历史回顾、居民资产核算、居民负债核算、居民净资产核算、居民财产核算指标体系及核算表、居民收入的核算基础、居民财产收入的账户设置及核算、居民财产收入核算指标体系及核算表。

第八章提出政策建议，包括调整我国居民财产核算指标体系、调整我国居民财产收入核算指标体系以及进一步提高我国居民财产收入等措施。

本书具有以下突出特色：第一，将会计学、经济学等学科与统计学结合起来研究。在研究贵州省居民财产性收入时，运用国内外相关的经济学分配理论；在研究贵州省居民财产收入核算体系时，运用了会计学的收入确认、收入计量等，并设置相应的一级核算指标和明细核算指标来对居民财产和居民财产收入进行核算。第二，采用实地调查方法。根据研究内容，设计调查问卷，在贵阳、遵义、毕节进行实地调查，并分别对贵阳、遵义、毕节收集的调查问卷进行分析，进行一定程度比较后，再进行对全部调查问卷的分析。

本书的主要建树如下：第一，从理论上回顾、探讨了财产性收入的理论背景和基础。从配第的劳动价值理论到马克思的按劳分配理论，考察了国外对财产性收入的理论发展史，追溯了中华人民共和国成立以来关于居民财产性收入思想的发展历程。在坚持马克思劳动价值论的基础上，对居民财产性收入的内涵、性质、分配依据、基本条件等展开较为系统的研究回顾。第二，分析了我国现行财产收入核算体系存在的问题及原因。从财产性收入的结构、居民财产性收入的分类，现行财产收入的统计范围与实际财产收入范围存在差别等方面分析我国现行财产收入核算体系存在的问题，并进一步分析存在问题的原因，包括历史因素、现实因素、市场因素、制度因素等。第三，系统地梳理了1986年以来的我国居民财产性收入核算的历史。本书从 1986—1987 年、1988—1991 年、1992—1996 年、1997—2001 年、2002—2011 年、2012 年至今六个时段梳理我国居民财产性收入核算的历史情况。第四，提出了提高居民财产性收入的政策措施。一是提高初次分配中劳动收入所占的比重，稳定收入增长率，为增加居民财产性收入提供物质条件，具体可采取建立完善企业职工工薪正常增长机制、建立健全职工工资支付保障机制、不断提高劳动者的科学文化素质教育等措施。二是增加居民财产性收入的金融支持，具体可采取构建多层次资本市场体系、完善中小投资者权益保护机制、加强金融监管力度、创新金融产品服务、加强培养专业素质较高的投资理财人员等措施。三是建立公平、公正、公开的投资政策环境，保护居民投资积极性，使其获取更多的财产性收入，具体可采取完善税收政策体系、完善社会保障制度、建立合法财产的申报制度等措施。

本书的研究也存在一些不足：调查样本数量有限，在代表性方面有所欠缺；在研究居民财产和居民财产收入时没有区分城镇居民和农村居民；等等。这些尚需深入研究。

本书的研究得到贵州省社科规划一般课题（课题编号：13GZYB69）支持，本书出版得到 2017 年贵州大学"贵州省农林经济管理国内一流学科建设项目（编号：GNYL[2017]002）"资助，同时得到贵州大学经济学院领导、老师的支持，特别是贵州大学经济学院伍国勇院长的帮助，在此一并表示感谢。

李本光

2020 年 6 月

目 录

1 概 论 ·· 001
1.1 研究背景 ·· 001
1.2 研究意义 ·· 003
1.3 文献综述 ·· 008

2 相关理论及主要研究内容 ·· 019
2.1 相关理论 ·· 019
2.2 研究内容 ·· 040
2.3 研究创新点 ·· 040

3 贵州省居民财产状况抽样调查分析 ·· 042
3.1 贵阳市居民财产情况调查分析 ·· 042
3.2 遵义市居民财产情况调查分析 ·· 051
3.3 毕节市居民财产情况调查分析 ·· 059
3.4 调查总体情况分析 ·· 069

4 我国现存财产收入核算体系存在的主要问题及原因 ················ 078
4.1 我国现存财产收入核算体系存在的问题 ························ 078
4.2 我国现存财产收入核算体系存在问题的原因 ·················· 092

5 居民财产收入确认 108
5.1 财产收入确认标准 108
5.2 居民财产的确认 111
5.3 居民财产收入确认 124

6 居民财产收入计量 128
6.1 计量单位 128
6.2 计量属性 129
6.3 居民各类财产计量 133
6.4 各类财产收入计量 138

7 居民财产收入核算指标体系设计 142
7.1 财产收入核算的历史回顾 142
7.2 居民财产核算 159
7.3 居民财产收入核算 166

8 政策建议 175
8.1 调整我国居民财产核算指标体系和居民财产收入核算指标体系 175
8.2 提高我国居民财产性收入措施 177

附录 1 184
附录 2 204
参考文献 209

1 概　论

1.1 研究背景

中华人民共和国成立初期前，由于生产力水平较为落后和对马克思社会主义经济理论的片面理解，认为按劳分配是社会主义经济的唯一分配方式，出于对社会主义生产资料所有制理想模式的追求，限制非公有制经济的存在和发展。劳动收入（固定工资、奖金和补贴等）是唯一的家庭收入来源。除了生产生活必需品外，广大城镇居民几乎没有其他私人财产，也就更谈不上财产性收入。

改革开放以来，随着对经济效益认识的不断提高和社会实践的不断发展，我国的收入分配理论和方式也经历了"对平均分配主义的否定""对非劳动收入的肯定""允许生产要素参与收益分配""确立生产要素按贡献参与分配"到"鼓励居民增加财产性收入"的演变过程。与此相适应，伴随社会主义市场经济的不断创新与发展，我国居民的收入来源也从单一的以劳动收入为主发展到不断提高人民财产性收入的历史新阶段，人民收入来源日趋多元化。

党的历次重要会议也对我国居民收入分配理论和方式的发展给予重要关注并进行了阐述。党的十三大报告首次将"其他分配方式"写进社会主义初级阶段的分配制度，明确指出"以按劳分配为主体，其他分配方式为补充"。党的十四届三中全会通过的《中共中央关于建立社会主义市场经济体制若干问题的决定》指出"个人收入分配要坚持以按劳分配为主体，多种分配方式并存的制度"，提出"国家依法保护法人和居民的一切合法收入和财产，鼓励城乡居民储蓄和投资，允许属于个人的资本等生产要素参与收益分配。"这是"财产"概念首次纳入党的重要政治文件，且分配制度也由"主体补充论"发展到"主体并存论"。同时，对于居民合法收入也由过去的"应当允许"改为"依法保护"并首次提出要"依法保护居民合法财产"。党的十五大报告指出"允许和鼓励资本、技术等生产要素参与收益分配"，对生产要素参与分配的认识进一步提高。党的十六大报告进一步指出"确立劳动、资本、技术和管理等生产要素按贡献参与分配的原则"。

党的十七大报告进而指出："要坚持和完善按劳分配为主体，多种分配方式并存的分配制度，健全劳动、资本、技术、管理等生产要素按贡献参与分配的制度……创造条件让更多群众拥有财产性收入。""创造条件让更多群众拥有财产性收入"是我国现阶段以公有制为主体，多种所有制经济共同发展结构下收入分配制度不断改革创新的必然结果。这既是新条件下对马克思财产性收入理论的继承与发展，也是我国收入分配理论制度的创新与突破。

改革开放40多年来，尤其近年来，我国城镇居民收入持续增长。据国家统计局资料显示，我国城镇居民人均总收入由2002年的8 177.4元增加到2012年的26 958.99元，同比增长约229.68%，年均增长率为12.67%。而城镇居民人均财产性收入则由2002年的102.1元增加到2012年的706.96元，同比增长约592.42%，年均增长率为21.35%。虽然财产性收入在城镇居民总收入中的占比一直不大，但增速却十分迅速，远远快于收入增速水平。可以预见，财产性收入必将对未来我国解决收入分配问题产生重要影响。但同时，财产性收入的年均增速在不同年份又会表现出相当大的差异，如在2009年，增速曾一度跌至46%，但2010年却迅速反弹至51.2%。由此可见，各种宏观和微观的经济因素对财产性收入增长影响巨大。相对于其他收入而言，财产性收入在我国现阶段条件下表现出巨大的增长潜力的同时，也突出表现了其波动较大的特点。此外，诸如分布不均、地域地区间差距明显、增长非均衡和获取途径狭窄等问题的客观存在也是研究居民财产性收入的重要背景。

综上所述，随着我国要素市场的不断发展与完善，收入分配理论制度等不断创新，居民的收入来源必将日趋多元化和复杂化。随着居民可支配收入的不断增长和投资理财意识的不断增强，居民凭借财产要素获取丰富的财产性收入将会日趋主流。这是社会主义市场经济的内在的逻辑规律性，也是社会主义市场经济不断走向发展与成熟的历史必然。

1.2 研究意义

1.2.1 增加我国居民财产性收入理论意义

第一，增加我国居民财产性收入是对马克思分配理论的继承和发展。

创造条件让更多群众拥有财产性收入，这一新的提法是对马克思剩余价值理论和收入分配理论的继承和新发展。马克思指出："消费资料的任何一种分配，都不过是生产条件本身分配的结果。而生产条件的分配，则表现生产方式本身的性质。"①在马克思看来，对生产资料的占有决定了人们的经济地位和产品的分配，在分配中所形成的利益关系只不过是生产资料所有制关系的实现。在这一认识的基础上，马克思结合资本主义生产关系具体解释了其中的分配关系。其基本逻辑思路是：由于在资本主义市场经济条件下，资本家和土地所有者拥有生产资料的所有权，所以他们都要参与剩余价值的分配，占有工人创造的全部剩余价值。占人口多数的劳动者没有任何生产资料，只有自己的劳动力，被资本所有

---

① 马克思，恩格斯. 马克思恩格斯选集（第1—3卷）[M]. 北京：人民出版社，1995.

者雇佣，因而不能参与剩余价值的分配，只能得到相当于劳动力价值的工资，没有财产性收入，受到资本的剥削。①这种分配关系和分配格局对生产力的发展和社会的和谐是不利的，它必然会导致贫富的悬殊、尖锐的阶级对抗和激烈的阶级冲突，甚至使资产阶级政权摇摇欲坠，使劳动者成为资本所有者的掘墓人。因此分配制度首先要体现对劳动和劳动者的尊重，必须扩大劳动者的利益。在如何扩大劳动者利益的问题上，马克思认为应该"剥夺剥夺者"，建立生产资料公有制的新社会，让劳动者成为生产资料的主人，实现劳动者有产化，以消灭资本对劳动的剥削。他设想未来新社会，生产资料全部实行公有，全部剩余价值直接和间接由劳动要素独享，居民财产和收入差距悬殊的现象将会消失。

马克思的剩余价值理论和分配理论解释和说明了资本主义生产方式范围内剩余价值的产生和分配以及未来单一生产资料公有制社会的分配问题。而在公有制为主体、多种所有制经济共同发展的社会主义市场经济体制下，普通劳动者如何合理分享经济剩余、如何致富是一个全新的课题。剩余价值理论指出劳动者的利益所在和扩大劳动者的利益对发展生产力的作用以及生产资料占有公平决定收入分配公平的思想，对当代中国社会实践发挥着重要的指导作用。可以说，创造条件让更多群众拥有财产性收入，是始终代表广大劳动人民最根本利益的中国共产党人在新的社会主义实践中探求普通劳动者参与剩余价值分配和收入公平分配的途径，是让劳动者成为有产者、让中国社会财富创造者能够分享到更多改革发展成果的重大举措。这既是对马克思剩余价值理论的继承，又是在新条件下的发展和创新。

第二，增加我国居民财产性收入，是我国经济学研究面向实践和发展的中国实际创新收入分配理论的体现。

中华人民共和国成立初期，追求社会主义生产资料所有制的理想模

---

① 马克思. 资本论（第1—3卷）[M]. 北京：人民出版社，1975.

式,财产都是国家和集体的。除了少量私人存款,居民没有其他私人财产,更谈不上拥有财产性收入,形成了当时认为社会主义完全以劳动为收入来源和不能有私人财产的观念。今非昔比,在我国多种所有制共同发展、多种资本组织形式并存、居民个人财产普遍增多的现实下,从提高资源配置效率的要求看,从分配中实现要素所有权对增加社会财富所起的积极作用看,仅按劳分配一种分配方式已不能适应社会生产力的发展,居民还可以通过多种非按劳分配方式获得收入,除工资收入外,财产性收入和经营性收入必然成为居民收入中不可或缺的组成部分。让劳动者拥有财产性收入,不仅顺应了社会经济发展之大势,符合经济规律的要求,具有实践合理性,而且打破了以往不恰当的认识。它将改变过去长期形成的只有工资收入是合法收入和单纯依靠工资增加收入的习惯思维,改变过去单纯依靠工资增加收入的被动状态,促使人们积极主动地寻找投资机会,树立投资理财增加收入的意识,积极学习理财知识,使居民财富逐渐增多。

1.2.2 增加我国居民财产性收入现实意义

1.2.2.1 促进和谐社会建设

在追求和谐的过程中,贫富分化是一只"拦路虎"。如果贫富分化严重到一定程度,贫穷的群体改变生活的能力会变得越来越弱。如果他们只是通过简单的劳动获得收入,而不能参与社会财富分配的其他方式,那么他们可能会一直处于不利的地位。而且,如果通过劳动所得的收入不能转化为资本并升值,那么他们与投资人相比,拥有的财富的差距会越拉越大。国家的责任之一就是要使国民在物质生活上逐步接近理想的状态,从而让他们得到更多的幸福感。因此,国家不仅要促进社会总财富的增加,还要看重居民投资事务,创造条件让居民参与到经济发展当中，让其成为各项经济活动的主体之一，使他们除了劳动报酬以外，还有机会分享到经济发展总成果，遏制贫富分化。

1.2.2.2 解决居民财产收入核算问题

解决好居民财产收入核算问题才能较好地掌握居民财产及财产性收入的分布情况，从而为完善居民财产分配提供数据支撑，促进和谐社会建设。随着我国经济的发展，越来越多的城镇居民将会拥有更多的个人财产及其衍生的财产性收入。但是，目前我国居民财产收入核算缺乏精确测算与论证，现行财产制度本质上仍不规范，尤其是系统规范的财产收入核算体系建设滞后，难以适应收入分配改革的需要，难以发挥调节收入分配差距的作用，制度可持续性较差，也没有长远全面的管理规划，造成了我国财产收入核算制度的缺位，尤其是针对贵州省的居民财产收入核算体系建设的研究更为缺乏。经过多年的经济发展积淀，贵州省城镇居民拥有财产和财产性收入都形成了一定规模，并且也在快速发展中，所以本课题针对实际提出了建立贵州财产收入核算指标体系。同时，这也有利于加强人们对如何快速增加西部欠发达省份居民财产性收入的认识，以及为后续加强和完善对贵州省财产收入制度研究提供理论铺垫和经验借鉴。

1.2.2.3 维护社会政治稳定

近年，随着居民个人财产增加和财产性收入增速陡增，财产性收入差距过大可能加剧社会收入分配差距的问题开始进入公众视野。一些通过"非法财产""灰色财产"以及依靠行业垄断地位积聚的不合理财产等实现的"不当财产性收入"引发争议。笔者认为，根本原因在于未能建立健全一套行之有效的财产收入核算监督体系。只有解决好财产收入核算问题，才能明晰财产收入来源的合法性，同时也能增强财政对财产收入的转移力度，有利于切实发挥财产收入分配作为社会稳定调节器的功能，有利于克服财产收入分配危机，保证居民收入分配的可持续性。党的十七大提出"创造条件让更多群众拥有财产性收入"，涵盖了多方面的重要内容。有专家指出，这首先需要创造良好的政策条件，包括制定相应的政策，保证收入可以转化为财产，同时规定通过财产获得的正当收入应该得到保护。其次，要创造良好的市场条件，包括市场的公平交易机制、抗风险机制、价格形成机制等；还应完善相关市场的监管，对投资者进行相应的风险教育。基于此，国家势必要建立更加完善的法律保护体系，让广大居民能够安全、放心、明白地拥有财产和获得财产性收入。

1.2.2.4 有利于让更多的人成为中等收入者

鼓励居民拥有财产性收入，有利于让更多的人成为中等收入者。让更多群众拥有财产性收入，是中国深化收入分配制度改革、增加城乡居民收入一个有机组成部分。这一思路与十七大报告提出的"合理有序的收入分配格局基本形成，中等收入者占多数，绝对贫困现象基本消除"一脉相承。对于整个宏观经济的良性运行来说，让更多的人拥有财产性收入也有明显意义。当人们普遍拥有一定的财产性收入时，意味着整个经济的消费结构处于比较合理的状态。中国经济体量大，拉动经济增长关键是内需，而中等收入阶层是拉动消费的重要力量。假如贫富差距过大，国家人均 GDP 的增长主要反映在高收入者收入的增加上，则难以拉动消费，继而难以拉动经济。十七大报告提出"创造条件让更多群众拥有财产性收入"，也是着眼于中国经济发展的健康与均衡。

1.3 文献综述

1.3.1 国内研究综述

20世纪90年代以来,伴随我国居民收入分配差距不断拉大的趋势,针对收入分配差距的研究文献日益增多。此时,由于全国范围内居民拥有的私人财产仍然较少,所以无论是理论界还是实务界都还未对居民财产性收入这一命题给予重要关注,对居民财产性收入的某些初步认识也只是零散地分布在居民收入分配制度研究中。当然,财产性收入作为居民收入的一种形式,要对其实现认识离不开对居民总收入这个大框架进行把握。我国学术界对居民财产性收入的认识正是在对居民总收入分配理论的研究中不断深化发展而来的。在研究收入分配制度的学者中,陈宗胜、李实和赵人伟等人较有代表性。

陈宗胜1994年在库兹涅茨的倒U理论基础上,在一系列只同公有制相联系的假设前提条件下提出了"公有制经济收入差异倒U曲线"理论,对我国居民收入差距拉大给予解释。[1]该理论认为,在公有制经济发展的起步阶段,长期不变的低收入差别同低劳动差别,高积累、低消费、不变的部门间消费水平差别,以及停滞的人口工业化等现象并存,此阶段收入分配差距小。而当经济发展到由中低收入水平转为中等偏下收入水平时,部门差别扩大,人口流动速度加快,劳动差别扩大,"剩余/生计"比上升,从而导致居民总体收入差距扩大。在该基础上,陈宗胜继而提出"阶梯形倒U曲线变异"论,认为体制变革会导致收入差别呈阶段性扩大的趋势。

赵人伟、李实等1999年通过对1988年至1995年的城镇居民抽样调查的分组数据进行计算分析,认为影响收入差距的因素可归结为制度因素、经济发展和经济结构变化因素及政府政策因素。同时,他们的研究

---

[1] 陈宗胜. 倒U曲线的"阶梯形"变异[J]. 经济研究,1994(05):55-59+33.

认为中国城镇居民收入差距的扩大速度超过了农村居民。①

李实、魏众、B.古斯塔夫森在《中国城镇居民的财产分配》(2003)中通过对1995年的调查数据分析比较得出结论：与大部分市场经济国家相比，虽然中国城镇居民的财产分配差距并不大，但却超过了收入分配差距，并且从长期趋势而言还有加速势头。②

李实、赵人伟和丁赛在《中国居民财产分布研究》(2005)中利用中国社科院经济研究所和国家统计局城市社会经济调查总队在2002年的相关数据，分析认为城镇居民中房产和生产性固定资产两项的分配不均等程度超过总财产的不均等程度，而耐用消费品的分配差距"几乎可以忽略不计"。③

李实、魏众、丁赛在《中国居民财产分布不均等及其原因的经验分析》(2005)中利用社科院1995年和2002年的数据分析得出两次全国的财产分布的基尼系数相比上升了38%，财产分布差距呈明显扩大趋势。与此同时，城镇居民内部的财产分布差距却有所缩小。并且，他们还发现城镇公有房的私有化过程是改变城镇内部财产分布差距的首要因素。④

近几年，随着我国社会经济的不断发展，居民可支配收入不断增加，金融资本市场快速发展，居民的私人财产及其衍生的各种财产性收入开始迅速增加。虽然我国城镇居民财产性收入基数较小，但其快速增长的发展潜力及其对居民收入分配差距的重要影响很快引起了我国学术界乃至党和政府的关注。尤其是金融危机爆发后，面对外需不足和投资过剩的严峻形势，如何创造条件让更多居民拥有财产性收入继而扩大内需成为热点话题。正如前文所述，事实上，在党的十七大报告指出"要创造

---

① 赵人伟，李实等.中国居民收入分配再研究[J].经济研究，1999(04)：5-19.
② 李实等.中国城镇居民的财产分配[J].经济研究，2003(03)：16-23+79.
③ 李实等.中国居民财产分布研究[N].中国经济时报，2005-04-25.
④ 李实等.中国居民财产分布不均等及其原因的经验分析[J].经济研究，2005(06)：4-15.

条件让更多群众拥有财产性收入"前，我国学术界明确提出居民财产性收入的研究十分有限且大多只是在论述居民收入分配制度时提及，但不可否认的是财产性收入思想一直在潜移默化地延续着。而在此后，各种关于财产性收入的研究如雨后春笋般涌现出来。国内学者从居民财产性收入的概念、功能等方面入手，陆续展开了对居民财产性收入广泛而深入的探讨。国内长期以来的研究主要集中以下几方面：财产和财产性收入的内涵、提高城镇居民财产性收入的意义、我国居民财产性收入现状分析、影响我国居民财产性收入增长的因素及增加我国居民财产性收入的路径选择等。

1.3.1.1 财产收入内涵

我国学术界关于财产性收入的概念内容及其统计口径说法不一。在《新帕尔格雷夫经济学大辞典》中对财产性收入的定义如下："财产性收入主要是指金融资产和有形非生产资产的拥有者向其他部门提供资本，或者把其持有的有形非生产资产提供给其他部门使用，并从中得到经济收益的活动，它的主要形式有利息、红利、地租等。"

周彦文（1998）[1]、冯春安（2002）[2]研究了资产性收入的概念及性质，并通过对资产收入在我国的地位演变过程，认为资产收入不等于剥削收入。

刘茂松在《市场经济论》[3]（2001）及《谈谈对现阶段我国资产性收入的看法》[4]（2003）中论述了按资产分配的概念、实质、经济功能、性质及其存在的客观必然性。

---

[1] 周彦文，陈莉霞. 试论财产收入的概念、性质和功能[J]. 中南财经政法大学学报，1998（01）：12-18.
[2] 冯春安. 资产性收入不等于剥削性收入[J]. 内部文稿，2002（06）：6-8.
[3] 刘茂松. 市场经济论[M]. 长沙：湖南人民出版社，2001：208-210.
[4] 刘茂松，丁宁. 谈谈对现阶段我国资产性收入的看法[J]. 湖湘论坛，2003（05）：53-54.

一些学者基于产权交易的角度对财产性收入的概念提出了自己的观点。如白暴力（2008）[①]认为财产性收入是指"财产所有者通过对财产的直接经营或让渡财产的所有权、使用权而获得的收益。"高敏雪（2008）[②]认为："财产性收入是通过资产的使用权的转让而获得的报酬，与租金的概念大致相同。"

有学者则从法学视角进行阐述，如林发新（2008）[③]认为财产性收入包括了投资收益关系、租赁收益关系和借贷收益关系。

还有学者从对财产及财产权利的分析入手，认为财产性收入具有内涵和外延之分。如陈晓枫（2009）[④]认为财产性收入的内涵为"金融资产、生产性资产（主要是住宅）及非生产性资产的所有者向其他机构单位提供资金或将住宅、非生产性资产供其支配，作为回报而从中获得的收入"。其外延主要包括金融资产收入、无形非生产资产收入、有形非生产资产收入、住房出租收入和其他财产性收入。

1.3.1.2　财产性收入的影响

如前文所述，我国学术界对提高居民财产性收入的社会影响存有一定争议，主要是从正面效应和负面效应两方面进行探讨。

舒建玲、卢海洋（2008）[⑤]认为提高居民财产性收入具有重要的理论和实践意义。

---

① 白暴力. 让城乡居民收入稳步增长——为什么要深化收入分配制度改革[M]. 北京：人民出版社，2008.
② 高敏雪，王丹丹."群众"所拥有的财产性收入[J]. 中国统计，2008（01）：24.
③ 林发新. 论法学的财产性收入与法律保护[J]. 东南学术，2008（02）：138-143.
④ 陈晓枫. 中国居民财产性收入理论与实践研究[D]. 福建师范大学，2009.
⑤ 舒建玲，卢海洋. 增加居民财产性收入的意义和措施[J]. 马克思主义与现实，2008（03）：145-148.

姜婕（2008）[①]认为财产性收入的增加有利于人们意识到个人利益对国家发展的依赖。

袁文平（2007）[②]、张玉丽、杨国玉、李时华（2008）[③]认为提高财产性收入有利于扩大内需，缩小收入差距。

姜晶，姚荣东（2009）[④]认为增加财产性收入有利于进一步完善我国所有制结构及维护社会公平正义。

此外，部分学者出于对我国目前少数不合理因素导致居民财产初始分配分布不均的考虑，担心提高财产性收入只会惠及少数既得利益集团，从而导致"富者越富，穷者越穷"的马太效应，继而进一步加剧现阶段收入分配差距扩大的势头。

秦交锋（2007）[⑤]等研究了财产性收入存在的主要问题。

王一鸣（2007）[⑥]则更为直截了当地认为现阶段鼓励增加财产性收入可能会导致贫富差距扩大。

李实（2007）[⑦]认为财产性收入分配的平均程度会对全社会收入差距形势产生重要影响。

李金良（2008）[⑧]通过对我国城乡收入差距和工资性收入、转移性收入、经营性收入和财产性收入进行线性回归分析，得出了财产性收入的

[①] 姜婕. 财产性收入变化对人生价值观的影响及其对策[J]. 湖南城市学院学报，2008（06）：20-22.

[②] 袁文平. "让更多群众拥有财产性收入"的意义重大[J]. 财经科学，2007（11）：1-3.

[③] 张玉丽等. 对增加居民财产性收入的探讨[J]. 经济问题，2008（12）：68-71.

[④] 姜晶，姚荣东. 论增加个人财产性收入的意义[J]. 广西青年干部学院学报，2009（01）：63-65+70.

[⑤] 秦交锋. 居民财产性收入增长存在的问题[J]. 人民论坛，2007（23）：21.

[⑥] 王一鸣. 分配制度改革助推经济发展方式转变[N]. 中国经济时报，2007-11-08（001）.

[⑦] 李实. 鼓励财产性收入将会加剧社会财富的集中[J]. 人民论坛，2007（23）：16.

[⑧] 李金良. 财产性收入与贫富差距——基于城乡收入差距视角的实证研究[J]. 北京邮电大学学报（社会科学版），2008（03）：49-52.

增加会加大城乡收入差距。

范从来、董书辉（2009）[①]通过构建 VAR 模型，表明财产性收入过快增长会导致收入差距拉大。

1.3.1.3 我国居民财产性收入的现状分析

学术界对于我国居民财产性收入现状的分析主要有以下观点：财产性收入规模有限，占比较低；财产性收入获取途径狭窄；财产性收入分布不均，增长呈现出严重的不均衡态势。

（1）对于我国居民的财产性收入状况的分析。

秦交锋（2007）[②]认为我国财产性收入的结构矛盾突出，即大部分的财产性收入集中在少数高收入者手中。

唐泽富（2008）[③]认为我国财产性收入有两个特点——增长迅速和来源多。

周荔、曾为群（2008）[④]认为我国居民财产性收入地区差距大，城乡差异明显。

刘凤根（2008）[⑤]认为我国财产性收入差距表现为地区差距、城乡差距及不同收入群体间的差距。

曾为群（2008）[⑥]指出我国居民财产性收入具有"小基数，高增长"

[①] 范从来，董书辉. 金融危机、收入结构与经济波动[J]. 经济学家，2009（12）：61-69.

[②] 秦交锋. 居民财产性收入增长存在的问题[J]. 人民论坛，2007（23）：21.

[③] 唐泽富. 论我国城镇居民财产性收入的新变化、问题及措施[J]. 2008（12）：11-12.

[④] 周荔，曾为群. 我国居民财产性收入：存在问题及增加策略[J]. 南华大学学报，2008（01）：27-30.

[⑤] 刘凤根. 财产性收入及其经济效应研究[J]. 湘潭大学学报（哲学社会科学版），2008（05）：40-44.

[⑥] 曾为群. 分配、金融制度与居民财产性收入增长[J]. 湖南社会科学，2008（02）：127-130.

的特点。

（2）对于我国居民的财产性收入的来源及其变化的分析。

程学斌、陈铭津（2009）[①]把居民财产划分为金融财产、知识产权和实物财产。

国家统计局城市司、广东调查总队课题组（2009）[②]研究表明，在居民财产性收入中，房屋出租收入占比最重，其次是金融财产性收入、其他投资收入和知识产权收入。

陈建东等（2009）[③]分析发现工资性收入与财产性收入呈高度正相关关系。

此外，部分学者还对某些省市的财产性收入状况进行了实证分析。如刘小辉，陈小霞（2009）[④]证明武汉市城镇居民财产性收入的增长和证券市场发展间存在协整关系，而农村居民财产性收入的变化和证券市场发展间不存在长期的均衡关系。

（3）对于我国城乡居民财产性收入差距的现状及测度的分析。

刘江会（2010）[⑤]等通过对我国各地区城乡财产性收入差距的泰尔指数的计算，论证了中部地区的城乡财产收入差距最大，东部最小，西部居中。

马明德（2011）运用 GE 指数分解方法和 Shorrocks（1982）[⑥]的收入

[①] 程学斌，陈铭津.城镇居民家庭财产性收入研究[J].统计研究，2009（01）：11-19.

[②] 国家统计局城市司广东调查总队课题组.城镇居民家庭财产性收入研究[J].统计研究，2009（01）：11-19.

[③] 陈建东等.我国城镇居民财产性收入的研究[J].财贸经济，2009（01）：65-70.

[④] 刘小辉，陈小霞.证券市场的发展与财产性收入的协整关系研究[J].知识经济，2009（04）：47-48.

[⑤] 刘江会，唐东波.财产性收入差距、市场化程度与经济增长的关系——基于城乡间的比较分析[J].数量经济技术经济研究，2010（04）：20-33.

[⑥] 马明德，陈广汉.中国居民收入不均等：基于财产性收入的分析[J].云南财经大学学报，2011（06）：29-35.

来源分解法发现在 2000—2009 年的 10 年里,财产性收入对于城乡内部收入差距的贡献扩大了约 3 倍且还在持续增强。迟巍(2012)[①]采用基尼系数分解方法研究了 1988—2009 年城市居民财产性收入分布状况,发现财产性收入分布的基尼系数最高,并且财产性收入分布的不均程度还在提高。

1.3.1.4　居民财产性收入增长的制约因素

夏锋(2008)[②]认为财产存量和收入流量是制约我国居民财产性收入增长的因素。

宋玉军(2008)[③]认为地区间经济发展水平差异、行业间营利水平差异和不同群体间收入差距差异对居民财产积累及财产性收入形成有重要影响。

刘凤根(2008)[④]认为来源渠道单一和城乡股票市场结构不合理是制约居民财产性收入增长的重要因素。

此外,一些学者认为部门垄断和行业垄断形成的收益也是制约我国居民财产性收入增长的重要因素。至于农村居民财产性收入偏低的情况,多数学者则从产权、机会及教育等方面进行研究。

程国栋(2005)[⑤]从土地财产性收入、资金财产性收入和住房财产性收入等方面系统地阐述了农村居民财产性收入增长的限制因素。

---

① 迟巍,蔡许许. 城市居民财产性收入与贫富差距的实证分析[J]. 数量经济技术经济研究,2012(02):100-112.
② 夏锋. 让土地成为农民财产性收入来源[N]. 上海证券报,2008-03-05(B7).
③ 宋玉军. 我国大众居民财产性收入的机会创造与政府作为[J]. 经济前沿,2008(04):45-48.
④ 刘凤根. 财产性收入及其经济效应研究[J]. 湘潭大学学报(哲学社会科学版),2008(05):40-44.
⑤ 程国栋. 我国农民的财产性收入问题研究[D]. 福建师范大学,2005.

刘飞、谢建文（2008）[①]认为农民个人的知识结构不合理、理财观念缺乏、农村金融资本市场及信息化建设滞后等原因严重制约了农民财产性收入的增长。

1.3.1.5　提高居民财产性收入的思路对策

关于提高居民财产性收入的路径，众多学者从财产产权、多层级资本市场的发展、社会保障等角度阐述了各自观点。

易宪容（2008）[②]从产品权确定、金融工具的发展、分配制度三个角度分析如何提高居民财产性收入。

陆磊（2007）[③]建议引入面向弱势群体的小额信用贷款和有效管理资产价格。

厉以宁（2008）[④]认为通过农民宅基地和房屋使用权的抵押，可以使农民的房屋等财产变现。

丁俊峰（2008）[⑤]认为要开拓农村金融资本市场，创新农村金融市场服务，满足农户金融理财需求，为实现农民财产性收入的增长创造金融条件。

孙玉丽、杨国玉（2008）[⑥]基于产权角度，提出了财产性收入的前提是通过法律实现个人财产产权的界定和保护。

---

① 刘飞，谢建文. 关于增加居民农民财产性收入的几点思考[J]. 商业经济，2008（03）：5.
② 易宪容. 关于财产性收入[J]. 银行家，2008（09）：130-131.
③ 陆磊. 中国金融发展中的农村金融转型[J]. 农村金融研究，2007（09）：6-13.
④ 厉以宁. 论城乡二元体制改革[J]. 北京大学学报（哲学社会科学版），2008（02）：6-8.
⑤ 丁俊峰. 农村金融制度建设重在服务[N]. 南方日报，2008-10-29.
⑥ 孙玉丽，杨国玉. 对增加居民财产性收入的探讨[J]. 经济问题，2008（12）：68-71.

1.3.2　国外文献综述

国外学者对财产性收入分配的研究比我国要早,且研究涉及的领域广泛,研究内容较为复杂。其大体上经历了古典学派的财产性收入理论(威廉·配第、亚当·斯密、大卫·李嘉图),庸俗经济学及其之后西方经济学的财产性收入分配理论(让·巴蒂斯特·萨伊、约翰·贝茨·克拉克、阿尔弗里德·马歇尔)、马克思的财产性收入理论、现代经济理论几个阶段。

以配第[1]、斯密[2]和李嘉图[3]为代表的古典学派建立和发展了以劳动价值论为基础的劳动剩余分配理论。该理论认为商品价值由生产中耗费的劳动量决定,然后根据一定的生产关系在各种阶级间进行分配,并最终形成了工资、利润、地租等。劳动者获取工资,资本家获取利润,地主获取地租。

以萨伊[4]为代表的庸俗经济学派发展了以效用价值论为基础的收入分配理论,经过长期发展逐渐形成了"三位一体"的财产性收入理论(配第)、边际生产力的财产性收入理论(克拉克)及供求均衡价格决定的财产性收入理论(马歇尔)。与劳动价值论不同,效用价值论认为商品的价值取决于其提供的效用或使用价值。1890 年,马歇尔提出了除土地、劳动和资本外的另一个新生产要素——生产经营管理。

马克思经济理论认为,财产不仅是指财产这种物或者客体,更多的是指财产权利关系。马克思虽然并未直接提出财产性收入一词,但他以劳动价值理论和剩余价值理论为基础,揭示了利润、利息、地租等财产

---

[1] Petty, W. 赋税论[M]. 邱霞,原磊,译. 北京:华夏出版社,2006.
[2] Adam Smith. 国富论[M]. 郭大力,王亚南,译. 北京:商务印书馆,1972.
[3] David Ricardo. 政治经济学及赋税原理[M]. 丰俊功,译. 北京:光明日报出版社,2009.
[4] Jean Baptiste Say. 政治经济学概论[M]. 卫兴华,译. 北京:经济科学出版社,2010.

性收入的真正源泉及资本主义经济关系的剥削实质。①同时，深入分析了财产性收入的变动及其原因，开创了科学的财产性收入理论。

20世纪初，美国统计学家M.O.洛伦茨提出了著名的洛伦兹曲线。1922年，意大利经济学家基尼在洛伦兹曲线的基础上，提出了衡量收入分配平等程度的著名指标——基尼系数。意大利经济学家帕累托提出帕累托最优标准，建立了基于社会福利角度分析社会收入分配问题的典范。随后，庇古等福利经济学家进一步提出了最优收入分配论，主张在二次分配时实现缩小社会收入分配差距的目标。

Maurice Leven（1925）②较为系统地研究分析了美国居民财产性收入及多方面来源的收入。

Robert J. Lampman（1962）③认为财产性收入分配不平等是引发社会问题的重要根源之一。

Friedman（1992）④认为收入不平等反映了不同的人对风险选择偏好的差异，还体现出个人禀赋（如人力资本、个人财产）的初始差别。

托达罗（1992）认为大多数第三世界国家个人收入分配极不均等的最终原因是极不平等和高度集中的资产所有权模式。

相对于国内学者而言，国外多数学者在论及财产性收入领域时，更为注重定量分析、计量分析等实证分析手段或方法。譬如托宾的资产选择理论、马克维茨的资产组合理论、布莱克-舒尔斯的期权定价模型等均从不同视角运用了计量分析方法研究有关财产收入问题。

---

① 马克思. 资本论（第1—3卷）[M]. 北京：人民出版社，1975.
② Mauriee Lven. Income in the Various States: its Sources and Distribution, 1919, 1920, and 1921[J]. National Bureau of Economic Research, 1925.
③ Robert J. Lampman, The Share of Top Wealth-Holders in National Wealth, 1922-1956[M]. Princeron University Press, 1962.
④ Friedman M. Capitalism and freedom[M]. Chicago: University of Chicago press, 1962.

2 相关理论及主要研究内容

2.1 相关理论

2.1.1 古典经济学的财产性收入理论

古典经济学是指从威廉·配第到边际革命之间的古典政治经济学，也称资产阶级古典政治经济学，大概存在时间为 1750 年到 1875 年之间的 120 多年。古典经济学通常情况下是指英国的古典经济学，而经济学大师亚当·斯密是其中集大成者，他所著的《国富论》就是极具代表性的著作。在时间上，马克思和恩格斯也属于这一时期的经济学家。但是一般将马克思和以亚当·斯密为代表古典经济学家们区分开来，主要是因为以亚当·斯密为代表的经济学家们代表资产阶级的利益，而以马克思为代表的经济学家们是无产阶级的代表人物。

2.1.1.1 威廉·配第的相关理论

威廉·配第是英国古典政治经济学的创始人，他首先提出了劳动价值理论，他强调价值的源泉和核心是劳动，这个观点对于后来经济学家的研究至关重要，使古典经济学家达成了对于价值来源的基本共识。这也是第一次对价值的形成进行了深入的理论探讨，为讨论收入分配及财产性收入理论提供了很好的理论基础。

古典经济学虽然强调价值的源泉，但是工资理论并不是以劳动价值论为基础而建立的,而是由最先提出的生存工资决定。配第最先提出生存工资理论:工资水平应该以最低限度的生活资料为限。如果工资高于这个限度,工人的劳动时间比他所能劳动的时间少,这样就会损失劳动所创造的产品。配第还认为,利息是一定时间内放弃货币使用权的报酬,利息的水平受到地租和风险的调节。配第首先提出了级差地租的概念,认为地租是收入减去种子成本和工资之后的剩余部分,但是由于没有区别开利润和地租之间的关系,所以他认为在生产费用一定的情况下,工资和地租呈反方向变动。由以上可见,配第提出的是不彻底的劳动价值论,虽然配第是第一个提出劳动价值论的经济学家,但其在之后的研究中又提出"土地是财富之母,劳动是财富之父"。[①]显然,配第后期的学说不知不觉偏离了劳动价值学说。

2.1.1.2 亚当·斯密的相关理论

众所周知,亚当·斯密是经济学的鼻祖,是他开启了经济学的新纪元,他的相关理论思想及其集大成者《国富论》直到今天都有着巨大的影响。经济学大师熊彼特认为,一个人要能够很好地理解任何时代的经济现状,就必须掌握历史事实,具备适当的历史感或所谓的历史经验。所以,对经济学产生以来曾形成重大影响的经济学理论和思想进行梳理回顾,尤其是对亚当·斯密的经济思想内涵展开回顾对今天的经济运作至关重要。

亚当·斯密在《国富论》序言中的第一句话就是:"一国国民每年的劳动,本来就是供给他们每年消费的一切生活必需品和便利品的源泉。构成这种必需品和便利品的,或是本国劳动的直接产物,或是用这类产物从外国购进来的物品。"[②]这表明亚当·斯密对于财富性质和来源与前

---

① 威廉·配第. 赋税论(第1版)[M]. 北京:华夏出版社,2006.
② 亚当·斯密. 国富论(第1版)[M]. 北京:北京联合出版社,2013.

人的观点不同。这样,古典经济学的收入分配理论就要解释劳动创造的价值除支付工资外,如何成为利润和地租的来源以及利润和地租参与分配的正当性。

斯密提出劳动生产物的一部分才是工资,是劳动者用于购买生活必需品和延续后代的所得的报酬,并受到生活必需品价格波动的影响。但是斯密同时强调劳动力在市场上的供求关系对工资的决定的影响。劳动者的工资由劳资双方所签订的合同决定,工资水平的高低取决于财产所有者即雇主与劳动者的力量的比较。斯密认为,资本在商品生产中做出了重要的贡献,因而,资本也应该有自己的报酬。在三要素分配理论中,通常认为劳动的报酬是工资,工资的报酬是利息,土地的报酬是地租。然而,利息作为资本的报酬不能衡量商品经营者的利益,除非商品经营者使用自有资本。①在一般的情况下,地租是作为固定不变的量,在这时候出售商品就涉及两个问题:劳动工资和资本利润。劳动工资高了,资本利润就减少,反之亦然。在一个行业中,资本投资增加了相应的要求,劳动也随之增加,即对资本量的投资增加可以拉动劳动需求的增加,劳动工资的增加和商品数量的增加是竞争的结果。斯密在《国富论》最后一章谈论到地租问题,更确切地说是地租由什么来决定。地租是和工资、利润不同,它是一种垄断收益,因为它是凭借对土地或其他自然物的所有而获得的收益。它对商品生产和价值实现做出了贡献,因而应该得到报酬,也就是说,土地的报酬也就是商品价格的重要组成部分,当然要随价格的波动而变化。但斯密认为,地租与前两者不同,因为地租是商品价格变动的结果而不是原因,"地租是租入人按照土地实际情况所支付的最高价格"。也就是说,土地所有者会尽量把经营者支付工资和利润之外的所有剩余都纳为己有,这表明地租额并没有一般的标准,它取决于租约制定中的双方博弈,因而租约的每次续签地主都会根据自己了解的

---

① 亚当·斯密. 国富论(第 1 版)[M]. 北京:北京联合出版社,2013.

市场价格状况对地租进行修改。①

2.1.1.3　大卫·李嘉图的相关理论

李嘉图可以说是古典政治经济学的集大成者，其提出的以劳动价值论为基础的经济理论，特别强调以分配理论为核心，同时也强调创造价值的唯一源泉是劳动。在劳动价值论的基础上，李嘉图分析了地租、利润二者与工资之间的对立关系，考察了级差地租的两种形态，发现并确立了利润率的变化规律，提出了比较优势原理。李嘉图的劳动价值论成为马克思劳动价值论的基础，也成为西方经济学诸多流派的理论基石。

李嘉图认为，维持劳动者自身所必需的价格是劳动的自然价格。自然价格的上涨或者下跌，取决于劳动者所必要的生活资料的价格的涨跌。同时实际支付给劳动者的价格也就是劳动的市场价格，随着劳动者在市场上供需的变化而变化。此外，李嘉图对生存工资假说提出了一个理论说明：当劳动市场价格超过自然价格时，有助于刺激人口增长，从而劳动市场的供给增加；而市场价格低于自然价格时，会抑制人口的增长，减少劳动市场的供给。李嘉图的利润理论建立在劳动价值论和地租理论的基础之上。在扣除地租之外，李嘉图指出"商品的价值仅分成两个部分：一部分构成资本利润；另一部分构成劳动工资"。其中利润的高低由工资的高低决定，工资的高低由必需品的价格升降决定，这其中以生存工资理论为基础。李嘉图反对斯密对于利润率下降的解释，认为利润率下降趋势产生是工资持久上涨所导致的，如果没有某种引起工资上涨的持久原因，任何资本积累都不能使利润率持久地下降。在李嘉图分配学说中地租论是最重要的组成部分，李嘉图亦因对级差地租的卓越分析而闻名于世。李嘉图接受了斯密把地租看成是产品价值分割的观点，但批判了他把地租看成是产品价值的构成因素的错误论点。李嘉图指出："地

---

① 亚当·斯密. 国富论（第1版）[M]. 北京：北京联合出版社，2013.

租是为使用土地固有的和用之不竭的能力而付给地主的那一部分土地产品。"①所以,在地租的本质问题上,李嘉图坚持了劳动价值论,确认地租不是土地的产物,而是劳动者在农产品上所创造价值的一部分,是租种优等和中等土地所形成的超额利润。李嘉图指出,因为地租是为使用土地的"原有的"生产力而付给地主的产品,所以地主在取得这部分产品时,丝毫没有耗费过任何代价。李嘉图的分配学说探讨了地租、工资、利润这三个经济范畴之间的关系,并指出它们之间的对立关系。工资和利润对立,地租和利润对立,进而揭示了资本主义社会的三大阶级经济利益的对抗。他认为,全社会国民收入的分配好像吃一个大馅饼,其中工人只能从中分得一小部分,其余的都被资本家拿走,不过,资本家又不得不与地主分享,而且地主所占有的份额还在不断增加。工人的工资、资本家的利润、地主的地租都是工人创造的商品价值的组成部分,任何一方获取多了,其他两方获取的就必然会减少,而没有人希望自己获利少,所以,工资、利润和地租是相互对立的。

2.1.2 新古典学派的财产性收入理论

新古典学派广义上是指在 19 世纪 70 年代后出现的剑桥学派、洛桑学派、美国学派等学派的统称。而新古典学派在狭义上指英国剑桥学派,其中以马歇尔为首。马歇尔的供需均衡收入分配理论和克拉克的边际生产率收入分配理论是新古典学派在财产性收入理论的代表理论。

2.1.2.1 马歇尔的相关理论

阿尔弗里德·马歇尔是近代英国极具影响力的经济学家,并且还是新古典学派的创始人,他在 19 世纪末和 20 世纪初剑桥大学任教期间把经济学发展成一门独立学科,将其从人文学科和历史学科中分支出来,

---

① 大卫·李嘉图. 政治经济学及赋税原理[M]. 北京:华夏出版社,2005.

与物理学相提并论。在他的影响下,剑桥大学成立了世界上第一个经济学系。马歇尔在对前人的理论继承与发展中逐渐形成的收入分配理论成为现代微观经济学的基本思想。

马歇尔全部理论的根基就是均衡价格理论,当需求量和供给量相等时的价格就是均衡价格。马歇尔用边际效用来解释需求:一般情况下,一种商品对于人们的边际效用是递减的;既然边际效用递减,那么人们愿意支付的价格也是递减的,由此得出向下倾斜的需求曲线。关于供给曲线,马歇尔的分析以生产费用论为基础,他将生产费用用真实生产费用和货币生产费用两个方法来解释;真实生产费用是从主观心理感受上分析的,包括劳动者对于劳动的厌恶和反感,用"负效用"表示,以及资本家的牺牲,用"等待"表示;然后,他又将货币引入,将真实生产费用表现为货币形式,即货币生产费用,得出向上倾斜的供给曲线。

马歇尔认为,国民收入在各要素之间的分配属于分配问题,而各要素分到的份额就是它的价格。像劳动、资本、土地、企业组织这些在生产中使用到的要素相对应的分配就是工资、利息、地租、利润。所以在供求曲线与需求曲线相交的情况下,各要素的价格就是相交点所给出的价格,在理论上就叫均衡价格。四种要素的边际生产力决定了各要素的价格,而生产这种要素的成本和维持这种要素的成本决定了其供给。

马歇尔的这种均衡价格理论对经济学的贡献极大,是经济学最重要的关于市场运行及结果的分析框架。马歇尔的均衡价格理论的稳定性和包容性是它能在现代经济学中都占有主流地位的一个重要原因。供需相等是一种稳定的分析框架,它是关于价格决定难以动摇的分析框架,只要是关于供给和需求的分析都会运用到价格理论体系,例如,效用理论对需求的分析,成本理论和生产理论对供给的分析。即使这类分析被更好的理论所替代,也并不改变它的基础性地位。这一理论之所以意义重大,也在于马歇尔用最平实易懂的语言定义了供给和需求,这样很容易被人们接纳和理解,也很容易用于分析均衡及均衡的变动。

均衡价格和产量在需求曲线和供给曲线的交点上。例如用时间序列数据估计供给曲线：假定在所考察的时段供给曲线是相对稳定的，当需求曲线在右移时，就会出现不同的供给需求相交点，这也是均衡价格和均衡产量的多组组合，如图 2-1 所示的 E（Q，P）、E1（Q_1，P_1）。

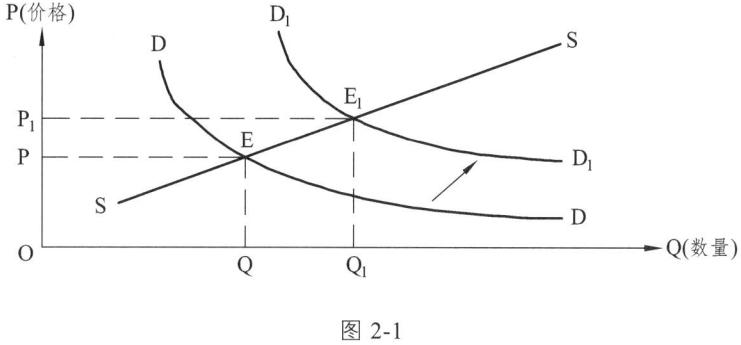

图 2-1

但如果在考察时段，供给曲线和需求曲线都相应的发生移动，则呈现的就非图 2-1 所示情况，既不是在一条供给线上也不是在一条需求曲线上，而是如图 2-2 所示。

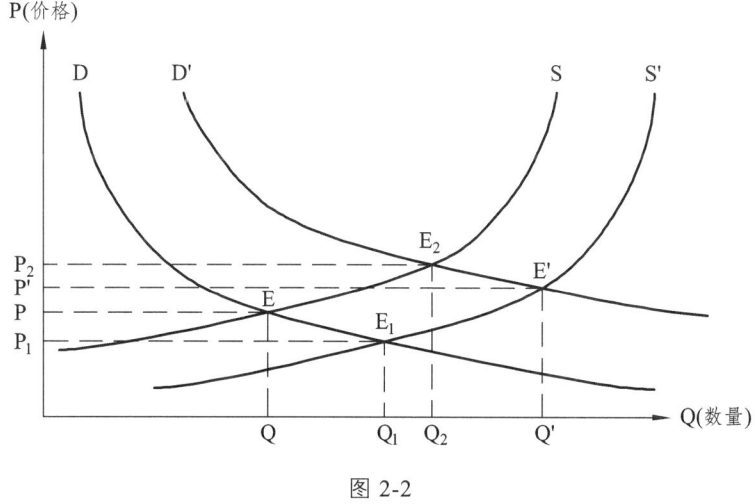

图 2-2

对点 E（Q，P）、E1（Q_1，P_1）、E2（Q_2，P_2）、E'（Q'，P'）进行

回归所得的结果既不是供给线也不是需求线。有时候，分析这组数据的目的是分析在供给曲线和需求曲线都移动时的均衡价格。虽然，马歇尔的均衡价格论为价格决定提出一种分析框架，但仍是一个具有局限性的分析理论，所形成的均衡价格通常情况下是短期性的，因为没有考虑其他相关市场的相互作用，是简单分析。

2.1.2.2 克拉克的相关理论

约翰·贝茨·克拉克在1899年系统地提出了边际生产率收入分配理论，这是边际分析方法在收入分配领域的一个应用，克拉克的儿子，同样是经济学家的约翰·英里斯·克拉克曾说："克拉克提出边际效用价值论虽晚于杰文斯和其他的首创者，但显然是独立的。"[①]随着多年发展的不断总结积累，该理论已经成为西方经济学主流的收入分配理论。我国学者提出的很多相关理论如按要素分配就是基于边际生产率收入分配理论。可见，克拉克的理论对如今的世界具有重大影响力，在此必须对其进行深入分析。

假设生产需要两种生产要素：劳动（L）和资本（K），则生产函数表示为 $Q=f(L, K)$，现在 L 代表劳动量，K 代表资本量，P 代表产品价格，W 代表劳动的价格，R 代表资本的价格，则厂商的利润 $\pi=Pf(L, K)-WL-RK$，然后再对 π 分别就 L 和 K 求偏导数，这就是边际生产率收入分配理论的核心思想。用克拉克自己的话说就是："增加劳动单位，一直到整个社会的劳动都得到工作，那么由最后单位所增加的产品是那个单位的实际产品。既然在经济意义上任何单位都可以说是最后单位，那么劳动的最后单位的产品是任何单位的产品，而且是在竞争的影响下工资所必然趋向的标准。把这个想象的过程颠倒过来，就可以想象利息规律。资本的最后单位所生产的，就是任何资本单位所生产的，而且树立了利

---

① 约翰·贝茨·卡拉克. 财富的分配[M]. 北京：华夏出版社.

息的标准。"此外,克拉克还指出了收入实际上是一个动态与静态相结合的过程:"劳动在团体和团体之间的移动,显示了社会是动态的,但是,这种移动是社会为了按照静态规律要求它在那个时候应当具有的新形式。"克拉克的理论是以两个生产要素为基础,这主要是为了解释的方便。

克拉克认为,在其他条件不变和边际生产力递减的前提下,一种生产要素的价格取决于其边际生产力。但是后来的西方经济学家认为克拉克的理论有不足之处并对其进行了改进,他们认为生产要素的价格不仅取决于其边际生产力,也取决于一些其他的因素。[①]决定要素需求的一个方面是边际生产力,除此之外,边际成本也是厂商在决定要素需求时要考虑的。只有当使用要素的边际成本和边际收益相等时,要素使用上才能达到利润最大化。此外,决定价格的一个重要方面就是要素的供给量。总之,要素的市场价格与其他价格一样,也由其需求和供给两个方面共同决定所得到。

2.1.3 马克思的财产性收入理论

卡尔·马克思是世界上伟大的政治学家、经济学家、哲学家、社会学家、革命家,是马克思主义创始人,他的一生在很多方面都有很大建树,他的观点和理论对世界影响极大。恩格斯在马克思的墓前这样说道:"马克思发现了现代资本主义生产方式和它所产生的资产阶级的特殊的运动规律。由于剩余价值的发现,这里就豁然开朗了,而先前无论资产阶级经济学家或社会主义批评家所做的一切都只是在黑暗中摸索。"恩格斯提到的剩余价值学说是马克思关于收入分配理论最重要的学说。社会主义国家建立以后,其收入分配的政策都与马克思主义收入分配理论有着直接的关系。马克思主义收入分配理论是中国计划经济时代制定收入分配政策最主要的理论依据。到目前为止,马克思主义收入分配理论仍

---

① 约翰·贝茨·卡拉克. 财富的分配[M]. 北京:华夏出版社.

然是制定收入分配政策的重要理论依据。①因此，必须深入学习研究马克思主义关于财产性收入的相关理论。

马克思主义关于财产性收入的理论主要表现在三个方面：剩余价值学说，社会主义的按劳分配学说，共产主义的按劳分配学说。马克思主义财产性收入理论建立在马克思的劳动价值论的基础之上，因此在介绍剩余价值学说、马克思社会主义的按劳分配学说、共产主义的按劳分配学说之前必须对马克思的劳动价值论进行重温。

2.1.3.1 马克思的劳动价值论

马克思的劳动价值论是一个十分严谨的科学理论体系，这个理论是通过对商品的分析，严格地阐明了生产商品的劳动二重性、商品的二因素、价值量、价值规律、货币的起源、经济的基本规律和基本矛盾，这些理论对当今的世界仍具有重大的意义。和以往的劳动价值论相同，马克思仍然强调，劳动是价值的唯一源泉。马克思区分了商品的二因素，即使用价格和价格，也区分了劳动的二重性，即具体劳动和抽象劳动。商品的使用价值是具体劳动创造的，商品的价值是抽象劳动创造的。商品的价值量是由凝结在商品中的劳动量来衡量的，而劳动量又是以劳动时间来衡量的。这里的劳动时间是指社会必要劳动时间，即在现有的社会正常的生产条件下，在社会平均的劳动熟练程度和劳动强度下制造某种使用价值所需要的劳动时间。②马克思还区别了简单劳动和复杂劳动。在相同的时间内，复杂劳动比简单劳动创造的价值要多。各种复杂劳动折合成若干倍的简单劳动是商品在交换中通过商品生产者背后的社会过程自发地形成的。

马克思提出了价值规律，即商品的价值量是由生产商品的社会必要

---

① 恩格斯.马克思恩格斯选集（第3卷）[M].北京：人民出版社，1995.
② 马克思.政治经济学—马克思主义经典著作选读[M].北京：中共中央党校出版社，2012.

劳动时间来决定，商品按照价值量进行等价交换。马克思给交换价值下了一个定义："交换价值首先表现在一种使用价值同另一种使用价值想交换的数量关系或比例，这种关系因时因地而不断变动。"①用货币来表现的交换价值就是所谓的商品的价格，是交换价值发展的完成形态。价值与价格之间就是本质与现象的关系。商品的价值规律是指，价格围绕价值上下波动。劳动是价值的源泉就意味着，无论是剩余价值还是剩余价值的其他形式，如利润、利息、地租等，均来自雇佣工人的剩余劳动。而其他生产要素，如对于前面所说的土地等，也承认它们在价值形成过程中发挥作用，但价值的源泉只有一个——劳动。马克思阐述了生产价格理论："当商品经济发展到资本主义市场经济阶段时，由于部门之间的竞争，使不同部门的不同利润率平均化为相同利润率的时候，价值就转化为生产价格。商品的生产价格，等于商品的成本价格加上按一般利润率计算，按百分比应加到这个成本价格上的利润，或者说，等于商品的成本价格加上平均利润。"②生产价格不是价值的表现形式，而是转化形式。在市场经济条件下，生产价格是需要依靠某种形式表现出来的，那就是要通过货币表现出来。只有当资本主义发展到一定高度的时候，按照生产价格进行的交换才能很好地进行下去。以劳动价值论为基础的价值理论适用于简单商品经济，而以生产价格理论为基础的价值理论才是反映资本主义发展达到一定高度的经济思想。

不可否认，马克思主义财产性收入理论博大精深、影响深远。后世学者基于不同的目的以及不同的理论方法围绕马克思主义理论进行过论战，其中有反对的也有拥护的。以洛里亚为代表的一些非马克思经济学家认为，马克思在《资本论》第三卷中直接抛弃了价值理论，并宣称这是个"重大理论上的破产"（罗雄飞，2008）。1896年庞巴维克发表的《卡尔·马克思及其体系的终结》一书指出，《资本论》第一卷强调商品价格

---

① 刘诗白. 政治经济学[M]. 成都：西南财经大学出版社，2013.
② 马克思. 资本论（第3卷）[M]. 北京：人民出版社，1995.

围绕价值波动，第三卷则是强调商品价格围绕生产价格波动，且必然的、经常性的背离商品自身所含的价值。因此，他认为马克思的劳动价值论包含着内在的矛盾。以萨缪尔森为代表的部分学者针对劳动价值论和价值转型理论进行了新一轮的激烈论战。萨缪尔森通过写的三篇文章《工资和利息》《从马克思的价值到竞争价格的转化》《理解马克思的剥削概念》加入了论战。这三篇文章表达了这样的一个中心思想：马克思的生产价格理论是以劳动价值论作为基础的，但这个理论有一个前提条件，就是只有在整个社会的资本有机构成都相等的情况下才能发挥作用，且不能解释资本主义各生产部门有机构成不同这一问题。因此，劳动价值论的基本命题是缺乏一般性的，是毫无意义的。用萨缪尔森的话说，劳动价值论是一条多余的"迂回曲折的道路"，马克思的转型问题"是一块橡胶的问题"。此外，还有其他一些西方马克思主义经济学家对马克思的学说进行了研究，如曼德尔研究了劳动价值论在经济分析中的作用，斯威奇研究了质量价值论和数量价值论等。

2.1.3.2　马克思的剩余价值学说

在劳动价值论的基础上，马克思提出了剩余价值论。马克思首次提出剩余价值论是在1857年10月至1858年5月写的《经济学手稿》中，并在《资本论》中对以劳动价值论为基础的相关理论进行了系统的论述。

商品是具有使用价值的，而劳动力作为商品就具有了使用价值，其使用价值在于，在被消费的过程中劳动并没有被消费掉而是能够不断创造出新的价值。这个创造出的新价值甚至超过了初始劳动力价值，超出的部分就叫作剩余价值。而如果一种劳动力具有特殊的作用，它就能创造出比其自身价值更大的价值，这个更大的价值可分解成劳动力价值和剩余价值。劳动力价值取决于再生产这一劳动力所需花费的社会必要劳动时间，也就是生产工人必要生活资料所需要的劳动，在资本主义社会里工人的价值就变现为工资。资本家无偿地占有剩余价值,而剩余价值又进一步分解为利润、利息、地租,以利润和地租的形式给予资本家和土地所有者。产业资本家和土地所有者共同瓜分雇佣工人所创造的剩余价值就是资本主义世界瓜分。

通过对相关文献的阅读,可以发现剩余价值并非产生于资本主义社会,而是从原始社会末期开始出现的,并在后面的各个历史发展阶段都一直存在。在原始社会前期,因生产力水平较为低下,劳动者创造的东西是不能够满足自身及家庭需要的,所以,更多的时候他们是在忍饥挨饿的境地中生活的,基本温饱尚且较难满足,更不用提创造剩余价值。原始社会末期,生产力得到一定发展,劳动者创造的东西除了能够满足自身和家庭的需要外,开始有少量的剩余,这个时候开始能够创造出少量剩余价值。剩余价值的产生对社会发展的推动作用是极大的,最明显的表现就是在战争中,胜者慢慢不再是将战俘杀掉,而是让他们作为奴隶为自己服务,创造出剩余价值。到了封建社会,剩余价值的生产就更加广泛,地主收到的种种税款和地租,皆来源于农民所创造的剩余价值。时间更往后,资本主义的生产就是剩余价值的生产,国家的财政收入和资本主义企业的利润都来源于对劳动力的剥削,来源于工人创造的剩余价值。不论是在社会主义社会还是在未来社会主义社会也都离不开剩余价值的生产。

资本主义条件下的生产自动化并没有消除剩余价值,只是生产剩余价值的生产工具更加先进了,不论是机器自动化生产还是机器人生产,它们在本质上依然是实物形态或物化劳动。工人在生产这些工具的过程中已经使它们各自的价值形成了,在它们参与商品的生产时,只是将原有的价值转移到产品中去了,并不创造新价值。在生产自动化条件下,直接从事生产劳动的工人越来越少,而从事科研、管理、技术、设计的人越来越多,脑力劳动的比重在不断增大,劳动的复杂程度也在不断提高,在其他条件不变的情况下,这种高效率的劳动就会创造出更大的价值和剩余价值。总之，生产自动化是人类社会进步的结晶，它很大程度上提高了劳动生产率，加快了资本家获取剩余价值的速度。

马克思在论证剩余价值学说的时候，基于价值是由劳动创造的理论出发。虽然资本参与生产有所耗费，但是这种耗费在生产过程中早已以折旧的形式得到补偿，所以资本本身是并无损失的。由此马克思认为，用资本参与的分配最终以创造剩余价值为目的，这种生产方式是对劳动的剥削，是一种不道德的行为。这里，马克思显然是在对资本参与分配获得剩余价值进行道德评价，从这一方面上看，马克思的剩余价值学说具有明显的规范特征。

2.1.3.3 马克思的按劳分配理论

马克思对如何建设共产主义提出过设想。在《哥达纲领批判》中，马克思提出了共产主义社会的低级和高级两个阶段，并分别对这两个阶段的相关制度提出了设想。设想中在共产主义的初级阶段，也就是社会主义阶段，实行的是按劳分配制度，到了共产主义高级阶段则实行按需分配。实行按劳分配无论从公平还是效率两个方面来看都是积极的。从整个社会的角度来看，若每个劳动者都能够按照他的劳动出力来获取报酬，多劳多得，少劳少得，那么这种分配不仅体现了公平的原则，还相应地提高了劳动效率。相反，在一个经济社会或者一个企业内部，若在付出相同劳动的情况下收入差距很明显，就违背了公平的原则，打击了劳动者劳动积极性。从效率来看，按劳分配可以调动劳动者的劳动积极性，从而提高劳动效率。

在社会主义经济中个人消费品分配的基本原则就是按劳分配，它集中体现了社会主义经济制度的本质。按劳分配，是指在进行了必要的扣除后，按照劳动者向社会提供的劳动数量和质量进行分配。在社会主义公有制的条件下，一方面，生产资料归社会所有，人们在生产资料的占有上处于平等地位，任何人都不能够凭借对生产资料的垄断占有特别的经济利益，[1]劳动成为他们获得报酬的唯一标准。另一方面，正因为存在社会分工，脑力和体力、简单和复杂等不同劳动之间存在差别，所以，劳动者所分配的产品是所创造的产品在进行了必要扣除后，以各自的劳动数量和质量为基础进行分配的个人消费品。

早在空想社会主义出现时，按劳分配就已有萌芽，那时主张"按能力计报酬，按工效定能力"。而马克思根据他自己的劳动价值理论，提出了在公有制基础上实行按劳分配的基本主张，而"按劳分配"的概念则是由列宁概括总结出来的。列宁总结有如下几点：一是实行社会主义的公有制，资本主义的私有制已经被消灭。生产资料的公有制废除了在资本主义私有制条件下所实行的凭借生产资料所有权榨取劳动者剩余价值的权利。二是劳动者完成生产后，先做各种扣除，包括用于简单再生产、扩大再生产和发展社会公益事业的部分。三是按每个劳动者所提供的劳动量进行分配，多劳多得，少劳少得，不劳动不得。按劳分配的产品只限于消费资料。四是按劳分配的主体是社会，在全社会按统一标准进行。劳动者只要付出的劳动是等量的，就可分配到等量的消费品，和具体所属的工作单位无关。

我国社会主义制度确立后开始实践与探索按劳分配。在社会主义发展过程中的不同阶段，按劳分配的具体机制和形态不断的发展变化，以下是对我国的按劳分配制度演变过程与内在逻辑的分析。

（1）改革前按劳分配形态存在的问题。

最初社会主义的经济实践在不少方面与马克思原来所设想的相差甚远：社会主义仍然实行的是商品经济，而马克思所设想的应是产品经济。虽然有关机构也给每个公有制企业制定了计划，但这种计划很多是脱离实际的。此外，在计划经济制度下，国有企业普遍缺乏一种冲动，一种

---

[1] 高鸿业. 西方经济学（宏观部分）（第五版）[M]. 北京：中国人民大学出版社，2014.

在充分竞争的资本主义市场经济制度下企业的那种改进管理、提高技术水平,从而提高劳动生产率、提高产品质量的冲动。所以,即使是实行按劳分配,但可供分配的蛋糕一直做不大,结果导致工人的实际收入仍然很低。

总体说来,实行社会主义的公有制虽然为按劳分配提供了一定的基础,但按劳分配并没有成为社会主义的客观规律。至少有三个方面使得按劳分配难以很好地落实:一是计划不能保证劳动者的私人劳动转化为社会劳动,从而为分配提供资金来源;二是"劳"难以得到很好的衡量,由此按劳分配就缺乏操作的基础;三是报酬受到工作单位经营效率的影响,使得按劳分配无法在全社会按统一标准进行,等量劳动因劳动者所在工作单位的经济效益不同而得不到等量报酬。[1]从这个意义上说,仅有生产资料公有制和计划经济并不能解决按劳分配的问题,所以,由以上可知,在改革开放前并没有真正很好地实践过按劳分配。

(2)改革后的变化。

1979年中国正式开始改革开放,逐渐实现市场经济,鼓励发展非公有制经济。公有制经济仍然占主导地位,非公有制经济所占比重较少,从事非公有制经济的人员也少。随着非公有制经济的不断发展,出现了一种特别的市场结构:产品市场是一元的,在产品市场,所有企业包括公有制和非公有制企业共同参与,平等竞争;但劳动市场是二元的,公有制经济部分缺少竞争性和流动性,非公有制经济部分具有竞争性和流动性。这两个市场之间也缺少流动,表现为在非公有制经济部分就业的人员很难转移到公有制经济部分,而公有制经济部分就业的人员,通常情况下也不愿转移到非公有制经济部分。

在非公有制经济部分出现了具有竞争性和流动性的劳动市场,职工工资完全由市场决定,受政府干预甚少,这样,同类技能工人的市场工

---

[1] 王小龙.马克思劳动价值论若干热点问题研究[M].西安:西安科技大学出版社,2012.

资逐渐形成，也就是说，相似技能水平工人的工资趋于相近。出现这种趋势的最主要的原因是劳动力的充分竞争和流动。如果一个工人在一家公司工作所得工资报酬低于其市场工资标准，则这个工人会选择离开再寻找新的机会。当然，公司也不会以高于市场工资标准支付职工工资，因为可以比较容易在劳动市场上找到技能类似但能接受市场工资标准的人来就业。工人通常也不对公司的经营亏损负责。这样，在市场经济的时代渐渐地解决了在计划经济时代难以解决的两个问题，至少从发展的趋势来说有望解决：一是"劳"的衡量问题，二是不同岗位职工工资的确定问题。这两个问题在计划经济时代由于劳动市场缺少竞争性和流动性从而难以形成市场工资。从以上分析容易得出：离开了充分竞争性和流动性的劳动市场，按劳分配就难以操作。

（3）实现按劳分配的基本理论假设。

从改革开放到现在，随着市场经济的发展，按劳分配的探索实践有了新的可能。若要实现上述理论性的按劳分配，下列这些条件可以被理解为是最基本的假设前提：

① 企业是利润最大化的追求者，这就决定了企业不会支付职工超过其市场工资标准的工资，否则有违利润最大化的原则，同时也会造成在全社会范围内同工不同酬，有违按劳分配的原则。

② 企业承担所有的经营风险，并在支付工资等各项支出后获得收益的剩余，即利润，作为回报。这样，工人不承担企业的经营风险。否则，由于企业经营不善使得工人得不到应得的报酬，就无法在全社会范围内实行同工同酬，有违按劳分配的原则。

③ 职工是工资最大化的追求者，这就决定职工不会接受低于其市场工资标准的工资，否则也会造成全社会范围内同工不同酬，有违按劳分配的原则。

④ 建立起具有充分竞争性和流动性的劳动市场。劳动市场的充分竞争才能形成市场工资。劳动市场充分的流动性就意味着，职工对企业没

有任何依附的关系。如果职工从企业领不到市场水平的工资会离开企业而避免接受降低工资来承担企业经营不善的后果。职工只对其活劳动付出负责并要求按市场工资标准获得回报。

⑤ 劳动过程中累积起来的未兑现的福利是完全流动的，即职工不管转移到哪家企业，也不管这家企业在什么地方属于什么所有制性质，未兑现的累积福利必须伴随该职工流动。这也是建立充分流动性的劳动市场的必要条件。否则，职工就会因累积的未兑现的福利而对这家企业产生依附性。

⑥ 充分的时间让职工调整其人力资本投资并达到人力资本投资的均衡。在均衡工资实现前，劳动市场的供求关系将不断发生变化，随之职工的工资也将进行调整。只有当所有的职工对自己人力资本的投资达到均衡从而不再进行调整时，职工劳动的付出和报酬的关系才能稳定下来。

虽然上述条件在现实中是不可能完全满足的，但可以通过改革尽可能创造条件。要做的工作包括以下内容：

① 建立起具有充分竞争性和流动性的劳动市场。这就要求破除对劳动力在企业间，包括公有制企业和非公有制企业之间自由流动的障碍。

② 让职工累积起来的未兑现的福利完全流动从而破除职工对企业任何形式的依附关系。如此，职工就更有条件在企业间自由转移，有利于整个社会实现按劳分配。

③ 建立无差异的劳动市场。所谓劳动力差异是指因和工人的劳动效率无关的因素而降低工人的工资报酬及其他待遇，如户籍所在地、性别、是否具有城市市民的身份等。[①]这种差异不仅是对人的不尊重，还必然影响按劳分配原则的贯彻，因为受到差别对待的工人可能因此不能和未受差别对待的工人同工同酬，从而违反了按劳分配的原则。

④ 推动教育和企业培训的发展，这有利于按劳分配的实现。通过推

---

① 梁玉秋. 社会主义市场经济条件下劳动和劳动价值理论研究[M]. 北京：中共中央党校出版社，2002.

动教育和企业培训，可加快均衡工资的实现，可较快地消除工资中由于劳动市场暂时不均衡所带来的工资差距。

2.1.3.4 按要素分配

萨伊提出"三位一体"公式，即生产要素包括土地、劳动、资本。现代西方经济学在萨伊"三位一体"公式的基础上增加了企业家才能、技术和信息等因素。按要素分配理论试图解释生产要素如何参与分配，尽管相关学者对参与分配机制的解释各不相同。目前，按要素分配理论的学术影响和对政策制定的影响越来越大，因此有必要对按要素分配理论进行深入的分析。

（1）按要素分配在中国提出的背景。

1949年中华人民共和国成立时，依照马克思在社会主义阶段实行按劳分配的理论，参照当时苏联收入分配政策的实践，确定了按劳分配作为中国收入分配的基本政策。然而，按劳分配的收入分配政策并未取得预期的效果。其基本的问题在于，理想化意义上的按劳分配缺乏现实的可操作性，实行的结果是不断走向平均主义，严重挫伤了广大城乡居民的劳动积极性，是计划经济时代经济低效率、民众低收入的重要原因。

1979年中国正式开始了改革开放，允许国外资本投资中国，对民营企业的发展经历了从限制到鼓励的政策转变。这时，资本参与分配成为客观事实，而如何对待资本参与分配就成了理论和政策必须要面对的问题。

按要素分配理论试图为资本参与分配寻找一种理论根据，要解决两个问题：一是资本参与分配的合理性，甚至是非剥削性；二是生产要素如何参与分配才是合理的。

（2）按要素分配的理论争论。

马克思的劳动价值论肯定劳动是创造价值的唯一源泉。[1]根据剩余价

---

[1] 刘诗白. 政治经济学[M]. 成都：西南财经大学出版社，2013.10.

值学说,资本、土地等其他非劳动要素参与分配必然是对劳动的剥削。所以按要素分配理论提出后,就引起了国内学者关于要素参与分配是否是剥削的激烈争论。

有学者认为,价值创造不决定价值分配,按要素分配的直接依据不是价值创造理论。杜时晋等(1989)认为,生产要素所有权在经济上的意义就是参与收入分配的权利,人们一旦取得对某种生产要素的所有权,就可以借此取得对社会产品的索取权,从而获得一定的物质利益。按生产要素分配规律赖以存在的根本原因在于,生产要素的所有权分属不同的所有者。周为民等(2003)指出:"资本主义的剥削绝不是来自按要素分配的市场关系,而是来自资本主义的私有制,而资本主义的私有制的性质在于,它是靠剥削社会上绝大多数人的财产所有权建立起来的、以绝大多数人没有财产为前提的少数人的私有制。"所以他们认为按要素分配绝非必然存在剥削。

但并不是所有学者都赞同按要素分配不存在剥削。尚道伦(1989)认为,社会主义初级阶段存在剥削,表现形式主要有私人雇工、私人合股、私人租赁、外资等,其中存在的按资分配等现象,从无偿夺取他人劳动的意义上来讲,就是剥削。胡双发(2005)坚持马克思的经典理论,认为劳动者的工资是劳动力价值或价格的转化形式,劳动力在劳动过程中能创造出比自身价值更大的价值,因此,工资体现着雇主对雇员的剥削关系。

按要素分配理论要解决的另一个问题是,如何按要素分配才是合理的。谷书堂和蔡继明(1989)依据边际生产率收入分配理论,认为决定消费品分配的内在因素,是各生产要素在生产过程中所起的作用,即各生产要素在财富的创造中所做出的实际贡献,可以根据生产要素的边际收益来决定各种生产要素在生产中的实际贡献。

李伟等(1998)依据马歇尔市场均衡价格理论,认为生产要素的价格决定了其所有者在可分配中所获份额,即各要素在可分配收入总量中到底能够获得多大的份额最终要借助包括商品（服务）市场和各要素市场在内的市场体系与市场的力量，来完成可分配收入总量的确定、转化、分割、占有。

（3）按要素分配的积极意义。

按要素分配之所以能带来社会的进步，是因为每种生产要素对生产过程的投入都可带来相应的回报，由此激励要素所有者积累更多的生产要素。每种生产要素获得最有效的配置，则要素所有者也将从中获得回报。

关于生产要素如何参与分配是一个实证收入分配理论所要解决的问题，当然也是一个理论和政策上的难题，也许还需要长时间的探索。一个社会要做到按需分配的一个必要前提条件是：要消除稀缺性，这样社会成员才能根据自己的需求获得相应的产品和服务。然而，人们的需求是无限的，而需求的满足需要资源。任何时候，资源总是有限的。资源的有限性导致需求得不到满足而造成稀缺。人们需求的无限性和资源的有限性的矛盾是永恒的，这意味着稀缺的永恒。

2.1.4 财产性收入概念界定

《新帕格雷夫经济学大辞典》上关于财产性收入是这样解释的："财产性收入是指金融资产和有形非生产资产的所有者向其他机构单位提供资金，或将有形非生产资产供给他们支配，作为回报，从中获得的收入。它的主要形式有：利息、红利、地租等。"

国家统计局有关专家做出如下解释：财产性收入是指家庭拥有的动产（如银行存款、有价证券）、不动产（如房屋、车辆、土地、收藏品）等所获得的收入。它包括出让财产使用权所获得的利息、租金、专利收入等；财产营运所获得的红利收入、财产增值收益等。

法学上的财产性收入，是指财产所有者通过投资、借贷、租赁和行使用益物权的行为所产生的经济上收入。

笔者认为，居民财产性收入通过财产使用权、营运和转让取得。居民财产分为三类：① 实物资产，包括房屋、土地、收藏品和其他实物资产；② 金融资产，包括储蓄、国债、基金、股票、保险及其他理财产品；③ 无形资产，包括发明专利、版权和其他无形资产。所以居民财产性收入也应由居民实物性资产收入、金融性资产收入和无形资产收入三部分组成。

2.2 研究内容

本书共分为八章内容。第一章为概论，包括研究背景和意义、国内文献综述、国外文献综述。第二章介绍相关理论以及主要研究内容。第三章介绍贵州省居民财产状况的抽样调查，包括调查问卷设计，在贵阳、遵义、毕节等地方组织开展居民财产状况抽样调查具体情况以及调查问卷的整理分析。第四章阐述我国现存财产收入核算制度的主要问题、原因，包括我国现存财产收入核算体系存在的主要问题以及我国现存财产收入核算体系存在问题的原因。第五章阐述居民财产收入的确认，包括各类财产确认、各类财产收入确认标准、各类财产收入确认。第六章阐述居民财产收入计量，包括计量单位、计量属性、各类财产计量、各类财产收入计量。第七章阐述居民财产收入核算指标体系设计、居民各类财产核算、居民各类财产收入核算、新型核算指标体系。第八章为政策建议。

2.3 研究创新点

（1）明确财产性收入的内涵。本书经过研究，认为居民财产性收入是通过财产使用权、营运和转让所取得。居民财产分为三类：实物资产、金融资产、无形资产，所以居民财产性收入也应由居民实物资产收入、金融资产收入和无形资产收入三部分组成。

（2）居民财产的确认。按照居民财产的确认应遵循的条件分别对居民各类财产包括实物资产、金融资产、无形资产进行确认。

（3）居民财产收入的确认。居民财产收入按照权责发生制和收付实现制方法，并按照居民各类财产收入确认应满足的标准对居民各类财产收入包括金融资产收入、实物资产收入、无形资产收入具体项目进行确认。

（4）居民财产、居民财产收入计量。按照计量单位和计量属性对居民财产、居民财产收入进行计量。

（5）居民财产核算。设置相应的一级核算账户对居民财产进行核算，构建居民财产核算指标体系，编制出居民财产核算表。

（6）居民财产收入核算。设置一级核算账户和二级或者三级明细账户对居民各种财产收入进行核算，构建居民财产收入核算指标体系，最后编制出居民财产收入核算表。

3 贵州省居民财产状况抽样调查分析

3.1 贵阳市居民财产情况调查分析

本次的统计结果分析以真实调查和完整数据为依据,旨在以贵阳市作为考察对象,深入了解贵州省省会城市的居民财产收入情况,同时与毕节市、遵义市进行比较,分析三者之间的差异以及贵阳市是否具有代表贵州省整体情况的能力,从而发现贵阳市居民财产收入上存在的显著问题并提出相应的改进措施。

3.1.1 调查结果说明

3.1.1.1 调查对象基本情况

对来自贵阳市的290个调查对象进行分析,应该对其基本情况——包括性别、年龄、户口性质、学历、工作性质等做全面的了解。

(1)对于性别的统计。

对贵阳的290位问卷填写者进行统计发现,有158名男性和132名女性,男女比例基本为1∶1;随机调查可能产生的性别失调误差并未出现。

(2)对于户口性质的统计。

在来自贵阳市的样本中,有153位城镇居民和137名农村户口的居民,城镇户口稍多于农村户口这一结果符合贵阳市的社会基本情况。

(3)对被调查者年龄的统计。

对被调查者年龄的调查统计可以帮助分析问卷采集数据的合理性,使被调查人群既要达到各年龄阶段都有分布,又要重点突出中青年阶段的人群占比。

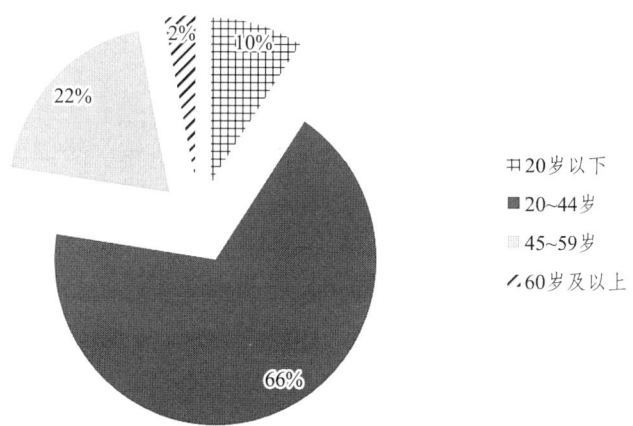

图3-1 贵阳市问卷填写者年龄分布

由图3-1可以清晰地看到本次问卷填写者绝大部分为20~44岁的青年人和45~59岁的中年人,这两个年龄阶段的人群能够很好地代表社会生产力的发展情况以及当代人的思想和风险偏好等。

(4)对于工作单位和在工作单位中承担角色的调查结果分析。

对问卷填写者的工作情况进行统计发现,290位贵阳居民中有130位个体从业人员,占总人数的44.83%,在企业、事业单位和机关团体工作的占比分别为22.02%、25.19%和7.85%;从这一统计结果看贵阳市的个体从业人员是市场参与的主体,这与贵州省"探索与实践经济发展"的方针相呼应;在本次对贵州省居民财产及收入情况的调查中,个体从业人员占比相当大。同时对其工作角色的统计显示,单位负责人、专业技术人员和办事人员及有关人员的比例大致为1:1:1。

(5)对学历和学科的统计。

对学历和学科专业知识的统计可以帮助分析贵阳市人才的供给和需

求是否发生结构性失衡,以及在当前情况下贵阳市的金融市场发展将引导教育转向哪部分学科。

图 3-2 贵阳市居民学历统计

由图 3-2 可以发现贵阳市居民的学历与贵州省其他地方的差异,尤其是与毕节市的差异——贵阳市专科、本科毕业的居民占比大于毕节市。这一差异不仅是地域上的差异,还在于文化的差异,贵阳市作为贵州省的省会城市,居民对文化教育的重视度远远高于贵州省其他地区,同时贵阳市居民的财力也更能负担子女的学费。

而在 290 名被调查者中仅有 38 名获得经济学及商学类的学位,仅占总数的 13%;这一人才供给情况与贵阳市日益发展的金融市场人才需求不平衡,出现结构性失调。日益发展的经济与金融,使得市场对经济、金融及商学类人才的需求也不断变大;也只有经过系统经济学知识学习的人才能使贵阳市的资本市场、金融市场发展起来。

(6)对家庭人数的调查。

对被调查者家庭人数的调查意在了解其家庭的财力情况与人口数量的关系。占总人数 53.18% 的贵阳市居民家庭人数多于 3 人,而家庭人口数大,一方面可以增加家庭的劳动力,另一方面也增加了家庭的经济负担。

（7）对被调查者的家庭财产支配权大小调查结果。

258位即89%的被调查者均表示自己关心家庭财产投资的处理，这一结果代表着贵阳市居民对于财产投资的重视程度相当高。

（8）对被调查者是否接受过专业金融知识培训的调查。

206名即71%被调查者表示自己并未接受过专业金融知识的学习或培训，排除其中对家庭投资毫不关心的21名被调查者，63.86%对家庭投资高度重视的居民没有系统学习或进行金融知识的相关培训；这一现象不仅加大了投资者的行为风险，还不利于金融市场健康有序的发展。因此居民对金融知识的学习需要提上日程。

对上述八项基本情况的分析，可以得出本次数据具有相当的代表性，能够代表贵阳市一般情况的结论。

3.1.1.2　家庭经济情况

（1）家庭负债及房产情况。

① 家庭负债情况。

290名被调查者中仅有95人表示家庭有负债情况，剩余67.3%的居民均无负债；这一点上贵阳市与毕节市的差异并不突出。

② 家庭房产数。

有163位问卷填写者表示家中仅有1处房产，61人表示家中有2套房产，剩下66人家中拥有2套以上住房，其中包括1人表示自家有5套以上的房产。在贵阳市绝大部分家庭拥有一套住房，但这并不代表贵阳市的居民家庭财力不及毕节市——介于贵阳市和毕节市的房价不同以及房产所处位置不同等原因，不能以此作为划分贵阳市、遵义市以及毕节市居民家庭财产高低的依据。

（2）家庭财产及收入情况。

这一部分对具有代表性的290名被调查者的家庭财产数额、构成及各部分占比大小,以及家庭的年均收入、收入来源及其比例进行分析,意在对贵阳市居民家庭财产进行确认,同时对其财产性收入水平进行粗略的分析。

① 家庭财产情况。

首先对居民的财产总量进行调查,居民家庭财产总量是区分贵阳市、遵义市和毕节市对贵州省代表性的不二指标。

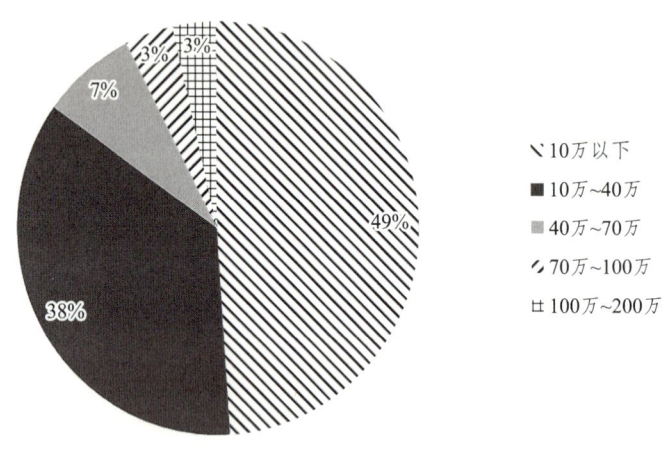

图 3-3 贵阳市居民家庭财产情况

根据图 3-3 可以看出,贵阳市家庭财产为 10 万元以下的家庭占比大于毕节市,同时毕节市家庭财产超过百万元的家庭数占比也远远大于贵阳市,结果与调查者平时的印象相左;这可能是由于贵阳市人口众多且外来务工人员等原因使得较低收入者占比大,而高收入者的占比相对变小。

其次通过对居民家庭财产构成项目统计分析中,可以得出贵阳市居民对投资品的偏好、金融市场的发展情况等,以及能够与毕节市、遵义市进行比较。在贵阳市居民财产的构成中 247 人即 85.19%选择储蓄,42.75%的居民选择了房地产,选择股票基金、保险以及国债的居民占比分别是 21.42%、19.23%和 17.21%。这一数据充分显示了贵阳市作为省会城市的优势,其金融市场的发展情况比贵州省其他地区更好;虽然在贵阳市、遵义市以及毕节市居民家庭财产构成中均包含储蓄和房地产，但贵阳市家庭中既得财产进入资本市场的比例更大，这也是由于贵阳市金融市场发展领先造成的。

最后对居民家庭财产构成占比进行统计分析，平均每个家庭52.78%的财产为储蓄，而18.95%的财产为房地产，家庭财产的8.45%、9%和2.28%表现在股票基金、保险以及国债上。很明显，贵阳市居民的财产性收入大于贵州省其他地方居民的财产性收入。1.2%的家庭财产是外汇投资，虽然与全国水平相比还有较大的差异，但与贵州省其他地方比较则能称为佼佼者。

上述两个方面均证明了贵阳市的金融市场发展态势较毕节市、遵义市好，由此引致的居民财产性收入大于其他地方的现象值得把握和学习。

② 家庭年均收入情况。

首先家庭年收入来源包括工资、租金、银行利息、投资回报等，问卷提到了工资（含退休金、生产经营收入）、租金、银行利息、股息分红、购买国债所得、对贵金属和外汇的买卖所得及其他。对贵阳市居民家庭年收入情况进行统计得到图3-4。

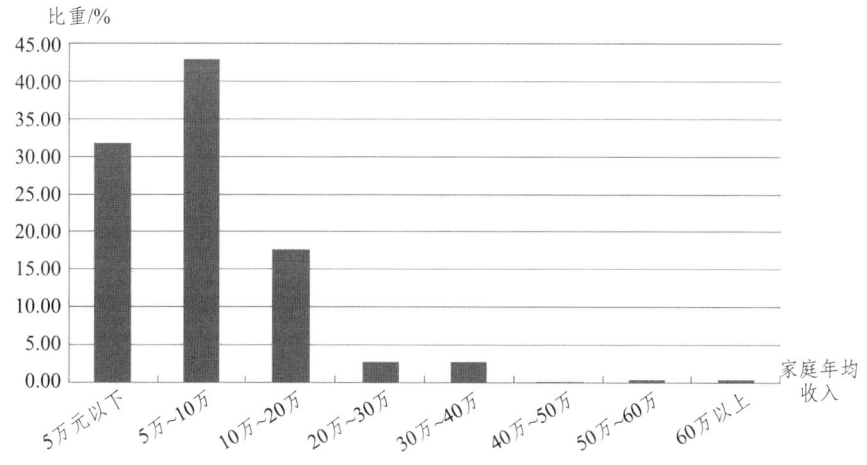

图3-4　贵阳市居民家庭年均收入

在图 3-4 中，年收入 5 万元以下的有 93 人，占比 32.27%；年收入 6 万~10 万的居民人数最多，为 123 人，占被调查者的 42.4%；年收入 10 万以上的家庭数逐渐呈下降趋势。家庭年收入的对比中，毕节市与贵阳市基本无差异；由此可以得出贵阳市各收入阶段家庭与其他地区占比较为一致，仅从数量上能够获得一定优势。

其次对居民家庭年收入构成情况进行分析，271 人即 93.52%表示工资是家庭年收入的一部分，在家庭收入的其他组成部分中还包括银行利息、租金、股票基金期货的投资收益、国债及银行理财产品、贵金属和外汇（按选择人数由多到少排序）；收入中有股票、基金的收益的有 52 人，占比为 18%。

在此基础上对贵阳市居民家庭年收入的构成比例进行分析，70%的家庭收入来源于工资，其他按照占收入的比重从大到小排序得到：租金、银行利息、股票基金收益、国债收益、买卖贵金属收益和买卖外汇收益。这一顺序与毕节市的家庭收入来源占比一致，但贵阳市的工资所占比重高于毕节市。

（3）投资情况。

上述两大板块均是对贵阳居民的财产和收入进行的分析，这一部分将着重分析当地居民接触理财产品的渠道、进行投资的目的、投资时间、投资收益情况以及未来关于投资的计划和改变等。本部分的分析将有助于把握毕节的金融市场发展情况、居民的投资偏好和居民的预期。

首先对当地居民获知理财产品的渠道进行统计，同事朋友的推荐仍占比最多，达到 45.54%；其次是媒体广告、自我探究，最后才是客户经理推荐。由此可以发现贵阳市金融市场的客户经理人或经纪人制度还有很大的发展空间，可以将之很好地应用于新兴金融市场的开发中。

其次对当地居民的投资目的进行分析，按照其重要程度排序得到以下结果：为子女教育及未来打算、养老、资产增值提高生活水平、购买耐用消费品、战胜通胀资产保值。这一顺序与毕节市的调查结果完全一致，可以发现当代人的主流思想中养老及为子女未来打算等观点仍然存在。

再次对居民用于投资的资金和投资的时间进行分析，如图3-5所示，按照参与产品投资的年限由长到短排序为：储蓄（10.6年）、房地产（1.82年）、保险（1年）、股票基金（1年）、贵金属（0.53年）、国债（0.5年）、收藏（0.16年）和外汇（0.09年）。

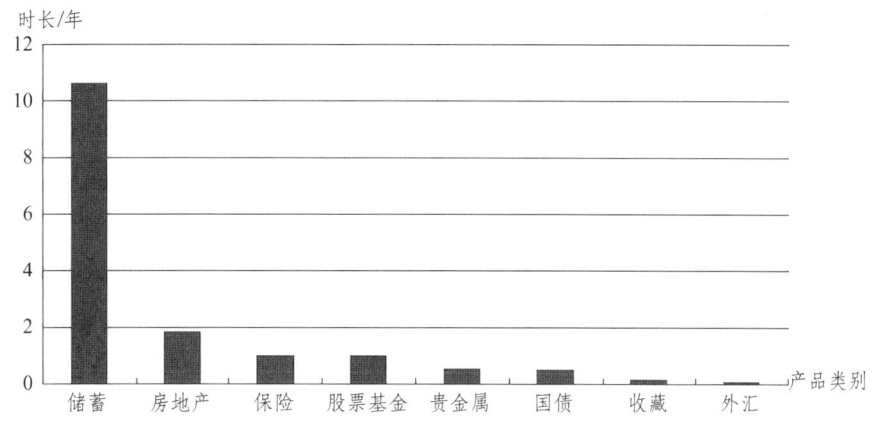

图 3-5　贵阳市居民参与各类产品投资年限

这一结果则证明了贵阳市金融市场的发展先于毕节等地区。贵阳市和毕节市居民均进行了十年左右的储蓄投资，就股票投资和保险而言，贵阳市居民的投资年限明显长于其他地区；同时贵阳地区的保险市场发展也较可观。但就全国水平贵阳市的金融市场还是比较落后的，需要进一步的开发。

对贵阳市居民投资占年收入的比重分析，发现114人即39.27%的居民投资用资金占年收入的 10%～20%。这一点与毕节及遵义市的差异十分明显，这也体现了贵阳市居民的风险偏好程度大于其余两地。同时290名被调查者中有271人表示有收益而非亏损。

最后对 290 名被调查者的预期计划进行调查，有 141 人即 48.5%表示在未来会将投资重点放在储蓄，按照投资重点选择人数从多到少排序为：房地产、基金股票、保险、国债、贵金属、收藏和外汇。这一预期非常明显地表示了贵阳居民对于金融市场投资的兴趣，也突出了发展金融市场的必要性。

3.1.2 总结

根据上述对贵阳市居民的基本信息、财产及收入以及投资情况的分析，可以得出贵阳地区居民财产及收入、增加居民财产性收入存在的问题。

（1）贵阳市居民过度依赖储蓄。

这一问题主要首先在贵阳市居民进行储蓄这一投资行为的时间平均为 10.6 年，远远超过其他任何一种投资；其次平均每个家庭 52.78%的财产为储蓄，但家庭年收入中银行利息的占比非常有限。显然单纯地进行储蓄已不能满足居民日益增长的投资欲望和金融市场的发展，然而在对居民的投资预期意愿的调查中发现仍然有 48.5%的居民选择储蓄作为家庭投资的重点。这一现象与居民自身的风险偏好、居民自身金融知识水平和贵阳市金融市场的发展、风险机制等有莫大的关系，只有逐一解决这些问题才能让居民积极地进行其他投资。

（2）贵阳市居民对国债并无太大兴趣。

这一问题主要体现在 17.21%的贵阳市居民表示家庭财产中有国债，而国债仅占家庭财产的 2.28%；同时国债收益占家庭年收入的比值大小仅排在贵金属和外汇交易之前，居民也并未表现出在将来的一段时间里会将其作为投资重点的意愿。国债的收益高于储蓄，风险低于股票投资，而绝大多数贵阳市居民无论是在过去还是未来都未将其纳入投资计划内。

（3）贵阳市居民参与投资"心有余而力不足"。

居民进入金融市场的意愿与其拥有的金融知识不成比例。63.86%对家庭投资高度重视的居民没有系统学习或进行过金融知识的相关培训，而这部分居民均希望通过家庭的投资增加家庭收入；同时贵阳市居民将股票、基金、期货等金融产品作为未来投资重点这一观点与毕节、遵义市的居民有所差异。贵阳市的金融人才占比不大，而金融市场的需求很大——无论是宏观上还是微观上，贵阳市对于金融知识的普及、宣传及有针对性的金融人才培养都不能跟上市场和居民前进的步伐。

（4）贵阳市金融市场初步发展，并有待进一步提升。

通过贵阳市居民家庭财产来源于金融市场投资的比例、居民进行投资的时间长短及居民对金融产品投资的极大兴趣与信心可以得出贵阳市金融市场发展情况比毕节和遵义市好，但居民进行金融市场投资而为家庭带来的收益占年收入的比重较小，所以其金融市场的发展远远不够，需要政府、人才、政策及相关必要的保障机制共同营造一个更加繁荣的市场。

3.2 遵义市居民财产情况调查分析

本次的统计结果分析以真实调查和完整数据为依据，旨在以遵义市作为考察对象深入了解居民财产收入情况，同时与毕节市、贵阳市进行比较，分析三者之间的差异以及遵义市是否具有代表贵州省整体情况的能力，发现遵义市居民财产收入上存在的显著问题并提出相应的改进措施。

3.2.1 调查结果说明

3.2.1.1 调查对象基本情况

在具体分析遵义市的 278 个调查对象时，首先应该对其基本情况，包括性别、年龄、户口性质、学历、工作性质等做全面的了解。

(1)对于性别的统计。

158名男性和120名女性参与了本次调查,男女比例大致为1.3∶1,符合随机调查的要求。

(2)对于户口性质的统计。

278名问卷填写者中有106人拥有城市户口,剩下172人均为农村户口,这一统计结果是符合贵州省第二大城市——遵义市的居民户口性质情况的。

(3)对被调查者年龄的统计。

被调查者的年龄分布在从20岁以下到60岁以上的范围,其中33位年龄在20岁以下的,144位20~44岁的青年人,90位45~59岁的中年人以及11位60岁以上的老年人;参与问卷调查的中青年人占总人数的83.6%,能体现遵义社会中流砥柱的情况。

(4)对于工作单位和在工作单位中承担角色的调查结果分析。

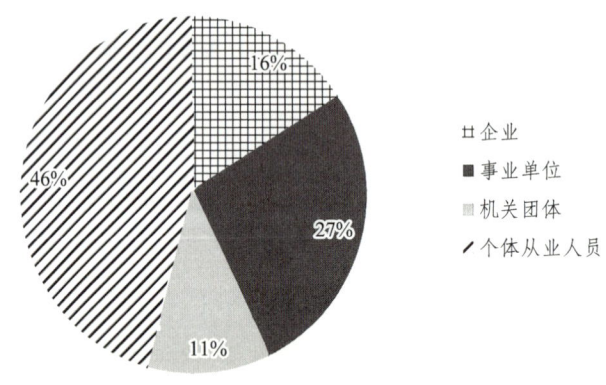

图3-6 遵义市居民工作单位

参与调查的居民中有43人在企业工作,74人就职于事业单位,31人在机关团体工作,另有130人属于个体从业人员。这一结果与贵阳市、毕节市以及贵州省的总体情况相符,众多的个体从业人员为活跃市场和整个社会的经济发展做出了巨大的贡献（如图3-6所示）。

排除个体从业人员后，对其余部分居民工作中承担的角色进行调查，148人中有33人是单位负责人，60人是技术人员，还有55人是办事人员及有关人员；工作角色的分布中单位负责人占比大于其他地区。

（5）对学历和学科的统计。

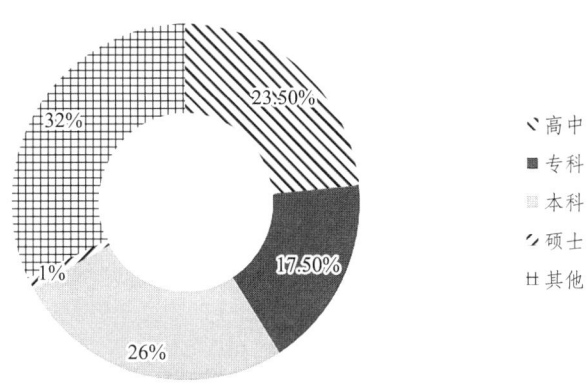

图3-7 遵义市居民接受教育程度

由图3-7可以清晰看出遵义市居民受教育程度较高，对33名单位负责人的学历进行统计发现有19人学历为本科及以上。

接下来对遵义市居民所学知识类别进行统计：理工类有27人，社会学类28人，管理类27人，文史类25人，经济类50人，商学类8人，其他学科有113人；经济学和商学类知识学习者占总人数的21.6%，这一比例高于毕节市（11%）及贵阳市（13%）的水平，为遵义市金融市场的发展奠定了基础。

（6）对家庭人数的调查。

遵义市作为贵州省文化最为深厚、最有代表性的城市，家庭人口数大于等于4人的家庭数为174家，占比为62.6%；这一水平高于贵阳市的53.18%，与毕节市的62%持平。因未对家庭人口的具体年龄进行统计，所以不能妄下增加家庭负担或增加家庭收入的结论。

（7）对被调查者的家庭财产支配权大小调查结果。

58人表示家庭财产完全由自己支配，96人表示自己有部分发言权，106人表示自己是家庭财产支配的重要决策者之一，仅有18人对家庭投资毫不关心；即94.2%的遵义居民关心家庭投资，这一观点有助于金融市场的发展和居民财产性收入的提高。

（8）对被调查者是否接受过专业金融知识培训的调查。

207人即74.47%的遵义市居民未接受过金融知识的专业学习或相关培训，这一现状与94.2%的居民关心家庭投资的现状出现矛盾；专业金融知识的缺乏不仅会影响居民投资的收益、增加其投资行为的风险，还会制约遵义市金融试产的发展，甚至影响市场的稳定。

对上述八项基本情况的分析，可以得出本次数据具有相当的代表性，能够代表遵义市地区一般情况的结论。

3.2.1.2　家庭经济情况现状

（1）家庭负债及房产情况。

① 家庭负债情况。

83人表示自己家庭存在负债情况，占总人数的30%；遵义市居民家庭负债情况低于贵阳市和毕节市的负债比例，从这一点上可以得出遵义市居民家庭生活幸福度稍高，为家庭将闲置财产投资于资本市场奠定了基础。

② 家庭房产数。

如图3-8所示，绝大多数家庭拥有一套房产，这一现状与贵阳市、毕节市以及贵州省的总体水平相当。

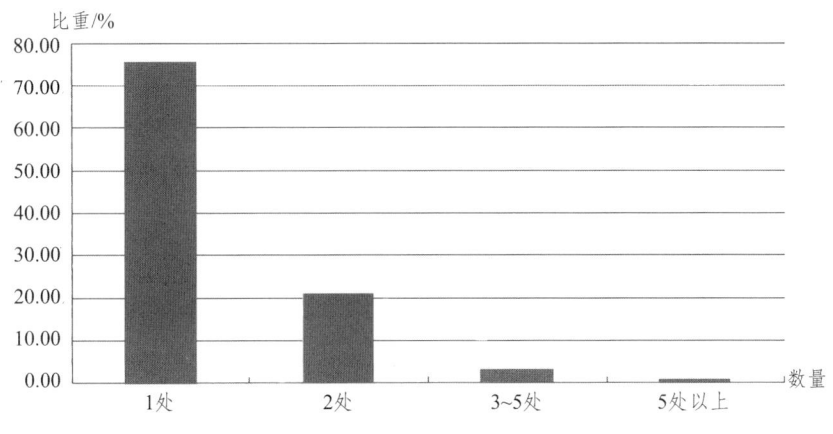

图3-8 遵义市居民家庭房产拥有情况

（2）家庭财产及收入情况。

这一部分将对具有代表性的278名被调查者的家庭财产数额、构成及各部分占比大小，家庭的年均收入、收入来源及其比例进行分析，意在对遵义市居民家庭财产进行确认，同时对其财产性收入水平进行粗略的分析。

① 家庭财产情况。

对遵义市居民家庭财产的统计意在了解遵义市居民的贫富差距、各收入层次居民的占比等，108名被调查者表示家庭财产在10万以下，118位表示财产处于10万～40万，37位拥有40万～70万的家庭财产，15名表示家庭财产为70万～100万，7人的家庭财产为100万～250万，遵义市的278名参与者中没有家庭财产超过250万元的；而贵阳市和毕节市家庭财产超过250万元的占比分别为0.09%和0.2%，但这不能完全说明遵义市的高收入者占比不高，不能排除偶然误差的影响。

接下来对居民家庭财产构成进行统计，问卷将家庭财产分为家庭储蓄、房地产、贵金属、基金股票期货、保险、外汇、国债银行理财产品和收藏共八项。90.9%的遵义居民在家庭财产构成中选择了储蓄，53.2%选择房地产，25.9%选择了保险，19.2%选择股票基金和期货，13.7%选了国债和银行理财产品，9.9%选择了贵金属，仅有0.8%的居民选择了外汇。由这一结果可以得出遵义市居民的投资风格比较保守，金融市场有待发展的结论。

最后对家庭财产构成中的各部分占比进行统计，按各类财产占比从大到小排序为储蓄、房地产、保险、基金股票和期货、国债和银行理财产品、贵金属、收藏、外汇，其中储蓄占家庭财产的 51.1%。这一结果更加肯定了遵义市居民投资风格较保守的结论。

② 家庭年均收入情况。

这一部分对遵义市居民家庭年收入的总量、来源及占比进行统计分析。在对居民家庭年收入的统计中 93 人表示家庭年收入在 5 万元以下，108 人选择了家庭年收入在 6 万 ~ 10 万，剩下的 77 人家庭年均收入超过 10 万元。这一结果表示遵义市各收入阶层的居民占比较适宜，并未出现类似于贵阳市的贫富差距较大的情况。

家庭年收入来源分为工资（含退休金与生产经营收入）、租金、银行利息、股息分红、购买国债所得、对贵金属和外汇的买卖所得及其他。如图 3-9 所示，按选择人数由多到少排序为工资、银行利息、租金、国债和银行理财产品、股票基金和期货收益、贵金属、外汇。这一结果中居民收入来自股票和国债的选择人数与贵阳市居民有差异，贵阳市居民中收入中有股票收益的人数多于国债收益，也证明了贵阳市金融市场发展水平较遵义市好。

接下来对收入来源占家庭总收入的比重进行分析，按比重由大到小排序为：工资、银行存款利息、租金、国债和银行理财产品收益、基金股票期货收益、贵金属、外汇。这一顺序与上一顺序大致相同。

遵义市居民家庭收入来源占比与贵阳市和毕节市最大的区别在于：占贵阳市和毕节居民家庭收入第二的是租金而非银行利息。

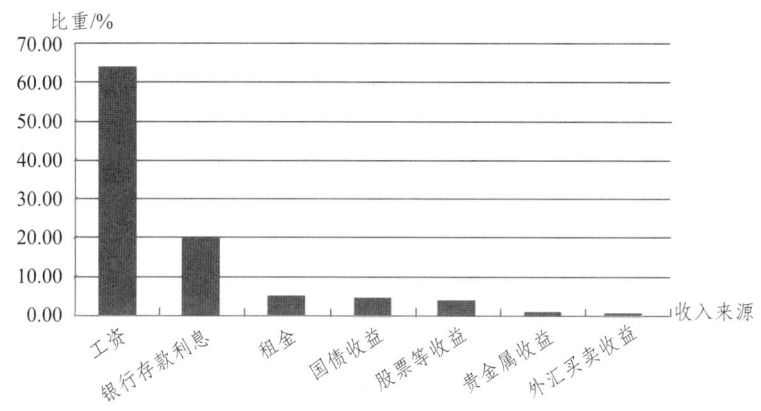

图 3-9 遵义市居民家庭收入来源

（3）投资情况。

上述两大板块均是对遵义市居民的财产和收入进行分析，这一部分将着重分析当地居民接触理财产品的渠道、进行投资的目的、投资时间、投资收益情况以及未来关于投资的计划和改变等；本部分的分析将有助于把握遵义市的金融市场发展情况、居民的投资偏好和居民的预期。

首先对当地居民获知理财产品的渠道进行统计，按照各渠道对居民的重要性排序为同事朋友的推荐、客户经理推荐、媒体广告和自我探究。从这一结果分析，遵义市的客户经理在客户的投资和扮演着重要角色，这是贵阳市和毕节市所缺乏的。

其次对当地居民的投资目的进行分析，按重要程度由大到小排序得到以下结果：为子女教育及未来打算、养老、资产增值提高生活水平、购买耐用消费品、战胜通胀和资产保值。由此可见传统的养老和为子女考虑的思想在遵义市居民的心中较为根深蒂固，只有进一步改变投资观念才能承担风险、获得收益。

再次对居民用于投资的资金和投资的时间进行分析，98人表示家庭投资占用收入10%以下的资金，76人表示占用收入10%~20%的资金，剩下的居民表示投资会占用收入20%以上的资金；这表明遵义市居民的投资热情很高。按居民投资时间由长到短排序为储蓄（11.57 年）、房地产（3.57 年）、保险（1.55 年）、国债和银行理财产品（0.61 年）、股票基金和期货（0.33 年）、贵金属（0.24 年）、收藏（0.12 年）和外汇（0.07 年）。这一结果与贵阳市和毕节均有较大差异，遵义市居民家庭投资于储蓄的时间长于贵阳市和毕节市，而投资于股票等金融产品的时间少于贵阳市和毕节市。这可以作为遵义市金融市场发展欠缺的佐证。

最后对 278 名被调查者的预期计划进行调查，62%的居民选择储蓄作为投资重点，按投资重点排序：储蓄、房地产、国债和银行理财产品、基金股票和期货、贵金属、保险、外汇、收藏。这一结果表现出遵义市居民对待国债的态度比对股票的态度更加积极，而储蓄仍将作为居民投资的重点存在。

3.2.2　总结

根据上述对遵义市居民的基本信息、财产及收入以及投资情况的分析，可以得出遵义市居民财产及收入、增加居民财产性收入存在的问题。

（1）家庭理财观念不科学。

传统的文化观念制约着居民的理财观念。勤俭致富、量入为出是我国居民传统理财观念，这个观念至今仍对居民理财有深厚的影响，使其为子女教育及未来打算和养老而进行投资。同时居民现在理财时，常常由情绪主导，缺乏理性安排与明确规划，投资目的不明确，机械地模仿他人理财模式。

（2）家庭理财工具单一。

这一问题表现在居民选择各种工具进行投资的时间长短以及对未来一段时间投资重点的安排上。首先储蓄作为居民财产的重要组成部分和投资重点，而在居民家庭年收入中的占比始终不靠前；其次众多居民的风险承受能力较低加上不具备足够的风险意识，导致他们不愿尝试或尝试金融市场亏损后不再选择股票等投资工具；最后遵义市较为落后的金融市场格局也限制了居民的投资。

（3）居民金融知识欠缺。

居民容易受到同事朋友观点的影响而进行投资，对金融知识的掌握可以帮助居民设定家庭理财目标、掌握市场行情并选择入市时机，从而利用投资渠道来增加家庭财富。

（4）居民理财效率低下。

市场缺乏价值投资理念，投资者缺乏必要的风险意识，市场不景气时众人均期待政策的出台改变现状，"政策市"思想根深蒂固，成为中国资本市场的独特景观。因此保险、基金、股票等多种投资工具遭到诚信的质疑。信心的缺失，让人们只能选择相信有国家信用担保的国债或者银行存款。

众多投资者不讲究投资方法、频繁买卖导致亏损，不仅没有达到家庭理财的目的，还使家庭财产受到损失。

3.3 毕节市居民财产情况调查分析

本次的统计结果分析以真实调查和完整数据为依据，旨在以毕节作为考察对象深入了解居民财产收入情况，同时与贵阳市、遵义市进行比较，分析三者之间的差异以及毕节是否具有代表贵州省整体情况的能力，发现毕节居民财产收入上存在的显著问题并提出相应的改进措施。

3.3.1 调查结果说明

3.3.1.1 调查对象基本情况

首先我们在具体分析毕节的217个调查对象时，应该对其基本情况，包括性别、年龄、户口性质、学历、工作性质等做全面的了解。

（1）对于性别的统计。

样本容量中包括117位男性，100位女性，男、女性别所占比例分别是54%和46%，男女比例大致相当。

（2）对于户口性质的统计。

有165位被调查者是农村户口，另有52位是城市户口，这样的结果是符合调查地基本社会情况的。

（3）对被调查者年龄的统计。

有21位被调查者的年龄处于20岁以下，130位被调查者的年龄处于20~44岁，53名年龄处于45~59岁，另有13位60岁以上的老年人。由数据统计的结果可以发现912位被调查者中大部分是有劳动能力并且能够创造社会财富的中青年人。

（4）对于工作单位和在工作单位中承担角色的调查结果分析。

有41位被调查者在企业工作，63名在事业单位工作，32位在机关单位任职，还有81名被调查者属于个体从业人员（这里的个体从业人员包括真正的个体和没有固定工作以出卖自身劳动获得工资的被调查者），即37%的被调查者属于个体，这与贵州省的省情吻合。以此为代表，提高毕节整体居民的财产性收入水平，必须在个体从业集体上投入大量精力。对被调查对象在任职单位扮演的角色调查结果分析得出，25%的问卷填写者即54名表示自己是单位负责人，这一相对较大的数据并不代表调查中的随机调查方法出现失误，而是在整个样本中有81名个体从业人员，而他们确实可以称自己是单位的负责人；另有25%即54位表示自己是单位的技术人员，剩下50%均为单位办事人员和有关人员，这一统计结果符合社会实际情况。这50%的单位办事人员和有关人员其对金融知识的掌握情况以及其财产性收入水平会在很大程度上影响社会的平均水平，所以对于这一群体的金融知识宣传相当重要，同时也应该完善对他们进入资本市场的保护措施。

（5）对学历和学科的统计。

有38位被调查者拥有高中学历，66位是专科学历，67位是本科学历，5位拥有硕士学历，另有41位为其他学历（其他学历既包括高中以下学历，也包括硕士以上学历）。对被调查者学位进行调查可以初步了解毕节各学科知识人才的比例以及对毕节金融市场发展可能造成的影响：其中有43名被调查者学习的是理工类，24名学习的是社会学，29位学习的是管理学，17位学习的是文史类，15名被调查者获得经济学的相关学位，8位学习了商学类，另有80位学习的是其他学科知识（如图3-10所示，其他学科知识既包括上述未提及的学科，也包括高中学历以下没有明确学习某一学科知识的情况）。通过这一部分的调查和统计可以发现毕节市的教育普及情况较好，但经济学和商学类的知识人才明显不足，两者仅占整个样本的10.5%，这对毕节金融市场的发展不利，也在一定程度上造成毕节居民的财产性收入平均水平较低。

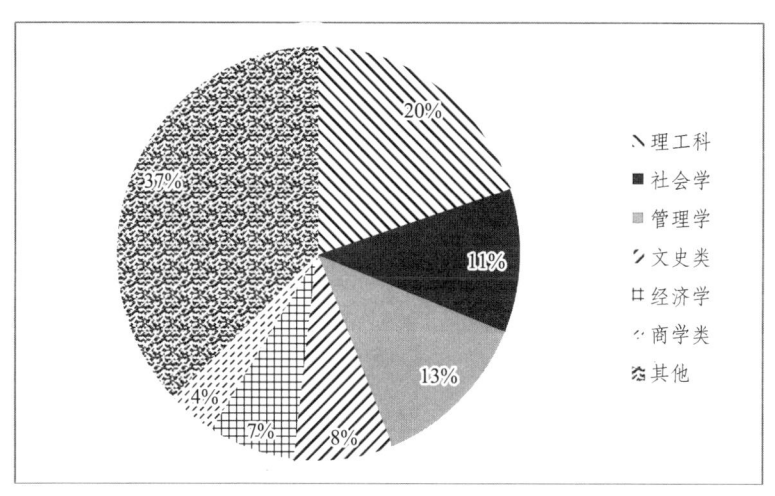

图3-10 毕节社会人才比例

（6）对家庭人数的调查结果

仅有2名被调查者表示自己家庭中只有自己1人，有25位表示自己的家庭由2人构成，有55位表示自己家庭里有3人，62人表示时自己是四口之家，还有73名被调查者表示自己的家庭人口为5人及以上。这一调查结果是符合贵州省家庭人口构成省情的，62%的被调查者的家庭人口为4人及以上，传统理解的小康三口之家在贵州省并不常见，所以这也是毕节居民财产性收入水平不高的原因之一。在设计金融产品时应该考虑家庭人口众多所导致的风险厌恶者成为市场主流的情况。

（7）对被调查者的家庭财产支配权大小调查结果分析。

55名被调查者表示家庭财产由自己全权支配，59位表示自己有部分发言权，94位表示自己是重要决策者，还有9位表示自己对家庭投资毫不关心。由此可以分析得出96%的居民都是关心家庭财产支配和投资情况的，所以可以以此为契机，根据其希望了解并掌握家庭财产"话语权"的心理，对这一部分居民进行金融知识普及。

（8）对被调查者是否接受过专业金融知识培训的调查。

调查结果显示仅有38%的被调查者表示自己接受过专业金融知识的培训，剩下62%的被调查者都表示没有接受过。暂且不考虑接受过培训的这一部分居民对金融知识的掌握情况，也可以发现毕节居民的金融知识水平普遍低下，无法达到应用创新金融工具投资以获得财产性收入的水平；所以加大金融知识普及力度刻不容缓。

对上述八项基本情况的分析，我们可以得出本次数据具有相当的代表性，能够代表毕节市一般情况的结论。

3.3.1.2 家庭经济情况

（1）家庭负债及房产情况。

① 家庭负债情况。

在参与问卷调查填写的217位毕节社会人士中有74位，即34%的被调查者表示自己家庭存在负债的情况，另有143位即66%的被调查者表示家庭没有负债；由此统计结果可以分析出毕节市的家庭负债率较高，但此结果不能表示毕节市家庭经济情况不良，因为此处并未对其负债原因及借贷基金的运用进行调查。

② 家庭房产数。

217 名参与者中有 132 名表示家庭有一处房产，79 位被调查者表示有两处房产，5 名表示有 3~5 处房产，仅有 1 名被调查者表示自己拥有 5 处以上房产。

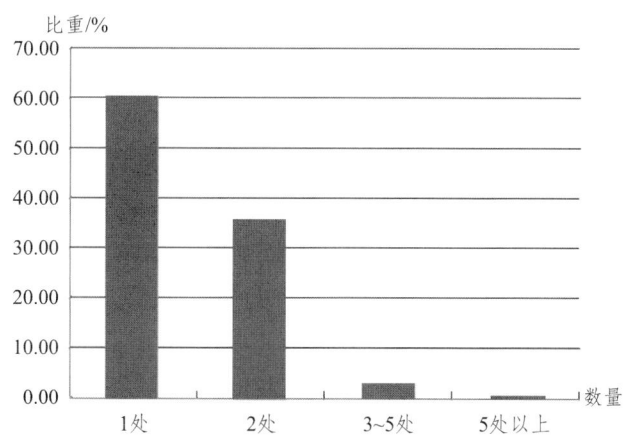

图 3-11　毕节市家庭房产拥有数占比

由图 3-11 可以发现毕节市家庭拥有房产多于 1 套的占比约为 40%，这一结果比较可观，而家庭房产对家庭财产构成的比例大小是否造成影响，在接下来的这一部分会进行细致的分析。

（2）家庭财产及收入情况。

一部分会对具有代表性的 217 名被调查者的家庭财产数额、构成及各部分占比大小，以及家庭的年均收入、收入来源及其比例进行分析，意在对毕节市居民家庭财产进行确认，同时对其财产性收入水平进行粗略的分析。

① 家庭财产情况。

在分析家庭财产情况之前，首先需要明确家庭财产的含义：家庭财产是指家庭所拥有的能以货币计量的财产、债权和其他权利，包括各种实物、理财产品、知识产权等。

本次调查问卷中列出的项目包括家庭储蓄、房地产、贵金属、基金、股票、期货、保险、外汇、国债、银行理财产品和收藏，另列出一项开放式的答案供被调查者选择。但在 217 名被调查者中无人在开放式答案处填写知识产权、私人债权等相关内容。

以下是调查的数据分析：80 名被调查者表示自己家庭财产在 10 万元以下，70 名表示家庭财产在 10 万～40 万之间，20 名表示家庭财产在 40 万～70 万之间，10 名表示家庭财产在 70 万～100 万元之间，33 名表示财产在 100 万～150 万之间，2 名表示自己家的财产在 150 万～200 万之间，1 名被调查者拥有 200 万～250 万的家庭财产，另有 1 名表示自家的财产在 250 万以上。

对选择家庭财产 10 万元以下的被调查者进行分析，发现 80 名中有 1 名被调查者表示家庭有 3～5 处房产，选择该调查者进一步的调查发现导致这一结果的原因是房产面积小、位置较偏僻；同时家庭财产在 10 万元以下的 80 名被调查者中有 31 名即 38.9% 的人表示家庭存在负债。

在 217 名毕节市的被调查者中有 35 名家庭财产在百万以上，比例达到 16.3%（如图 3-12 所示），且在这 35 名中仅有 1 人即 2% 表示家庭存在负债情况；在这 16.3% 的"百万之家"中仅有 22.1% 即 8 名被调查者有过金融知识的学习和培训——从这一分析结果再次证明毕节市的金融知识普及度不够，问题亟待解决。

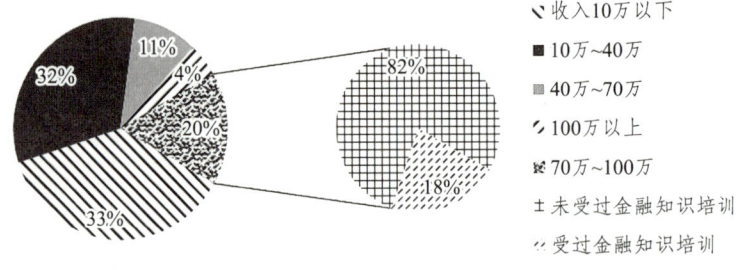

图 3-12　毕节市家庭财产情况及"百万之家"接受金融知识培训情况

由图 3-12 可以看出，毕节市贫富差距较大，占毕节市居民 37%的财产 10 万以下的家庭有 38.9%的存在负债，占居民 16.3%的"百万之家"仅有 2%的家庭存在负债；那么在全面贯彻实行增加居民财产性收入这一政策的同时，也需要解决好贫富差距过大的难题。

对 217 名被调查者的家庭财产构成进行调查，在调查问卷列出的选择中 190 个家庭表示在财产的构成有储蓄这一项，即 87.61%的家庭有储蓄；另有 117 名被调查者表示房地产是家庭财产的组成部分，占被调查者的 53.73%；还有 80 名表示保险是家庭财产的组成部分，占比达到 37.0%；而仅有 1 位即 0.66%表示有与外汇相关的财产，剩下的贵金属、股票、基金、期货、国债等均不在绝大多数毕节家庭的财产组成中。由此可以粗略地得出毕节市居民投资性活动的参与度不高的结论，这在一定程度上造成居民财产性收入偏低。

在对各种财产占比大小的调查中发现，储蓄和房地产占毕节市居民财产的比重最大，人均比重分别达到 45.22%和 26.86%；而外汇的人均比重仅有 0.03%，以基金、股票等为代表的金融投资占家庭财产比重均值为 3.71%。

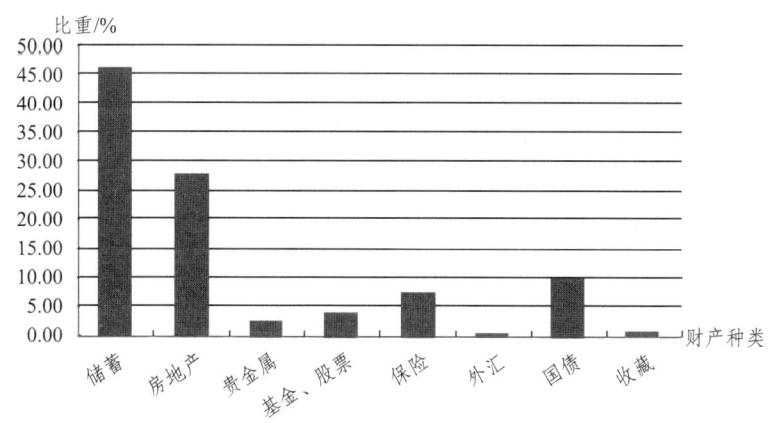

图 3-13　毕节市居民家庭财产构成比重

图 3-13 直观地反映了毕节市居民家庭财产构成比重，储蓄和基金、

股票占比的巨大差距反映出以下两个问题：一是当地居民属于风险厌恶者，二是毕节市的金融市场发展情况不容乐观。

② 家庭年均收入情况。

在了解了毕节市的居民家庭财产情况后，接下来分析当地居民的家庭年收入。首先应该明确家庭年收入来源包括工资、租金、银行利息、投资回报等，所以问卷提到了工资（含退休金和生产经营收入）、租金、银行利息、股息分红、购买国债所得、对贵金属和外汇的买卖所得及其他。

在对毕节市 217 名居民的调查中，70 名表示家庭年收入在 5 万以下，92 位表示年收入为 5 万~10 万，36 位被调查者表示自己家庭的年均收入为 10 万~20 万，另有 18 名表示家庭年收入超过 20 万；由此看来毕节市的家庭年收入较为可观。

18 个家庭年均收入超过 20 万元的家庭中有 12 个的家庭成员数为 4 人甚至多于 4 人，由此也可以看出毕节市家庭收入可观在很大程度上依赖于家庭劳动力丰富。

同样地，接下来对居民年收入来源进行调查，结果显示 217 名参与者中 202 人即 93.2%表示收入来源于工资(包括退休金和生产经营收入)，收入中有股票、基金收益的仅有 35 人，占比仅为 16.34%。

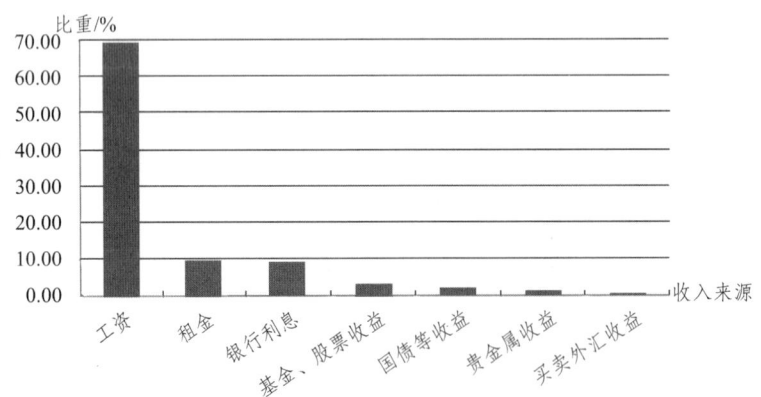

注：图中数据不包括被调查者填写的"其他"一项。

图 3-14 毕节市居民家庭年均收入构成占比

首先上图的数据不包括被调查者填写的"其他"一项；由图3-14可知，居民年均收入中工资占比很大，财产性收入占比不到30%，毕节市的金融市场发展和金融知识的普及能在一定程度上缓解这一问题。

（3）投资情况。

上述两大板块均是对毕节居民的财产和收入进行分析，这一部分将着重分析当地居民接触理财产品的渠道、进行投资的目的、投资时间、投资收益情况以及未来关于投资的计划和改变等；本部分的分析将有助于把握毕节的金融市场发展情况、居民的投资偏好和居民的预期。

首先对当地居民获知理财产品的渠道进行统计，114名问卷填写者选择了同事朋友推荐，而选择客户经理推荐和媒体广告的分别有54人和71人，占比为24.78%和32.89%；由此可以得出毕节市金融市场有待完善，金融产品的宣传需要改善以及理财产品客户经理发展空间较大的结论。

其次对当地居民的投资目的进行分析，得到以下结果：按照居民投资目的的重要性从大到小排序为子女教育及未来打算、养老、资产增值提高生活水平、购买耐用消费品、战胜通胀资产保值。从这一结果可知居民的投资观念并未改变，传统的养老及为子女考虑需要转变为更加注重当期及后期的消费观念，才能进一步有助于金融市场的发展，从而为毕节市的理财产品市场奠定基础。

再次对居民用于投资的资金和投资的时间进行分析，选择储蓄进行投资的人均时间为10.57年，选择房地产进行投资的人均投资时间为4.23年，选择股票基金和国债进行投资的时间分别为0.66年和1.27年。同时34.32%的被调查者选择投资所用资金占到家庭年收入的10%以下，29.82%选择占到家庭年收入的10%~20%，这部分投资中的绝大部分是投资于银行储蓄而非资本市场。紧接着对居民的投资收益情况进行统计发现，203名问卷填写者均表示有一定的收益而非亏损。综合以上三项分析可以认为毕节当地居民对风险的厌恶程度较深、金融市场发展较慢。

最后对217名被调查者的预期计划进行调查：其中仍然有136位选

择了储蓄，但对股票基金、保险和国债的投资意愿有所改善；由此可以粗略地肯定毕节市的金融市场的确有待发展，但其发展势头良好。

3.3.2 总结

根据上述对毕节居民的基本信息、财产与收入以及投资情况的分析，可以得出毕节市居民财产与收入存在如下问题。

（1）居民贫富差距较大。

由 217 名问卷填写者的家庭财产情况以及财产构成、债务的相关数据可以看出，当地大部分居民家庭财产少且房产占比巨大，同时伴有一定债务，而家庭财产较多者基本不存在债务的同时拥有多套房产。因此在坚持按劳分配的基础上，必须疏通二次分配的渠道以缩小贫富差距。只有在合理分配、增加居民财产总量的基础上增加居民财产性收入，才能从总体上提高居民消费倾向，实现投资、消费、出口兼顾的"三驾马车"共同拉动的经济增长。

（2）年收入中工资占比过大，财产性收入有待增加。

这一问题具体表现在 93.2% 的被调查者表示收入来源于工资（包括退休金和生产经营收入），收入中有股票、基金收益的占比仅为 16.34%。在数量上，收入的 68.42% 来源于工资，由投资行为所引致的财产性收入少，这极大地限制了毕节市居民收入和生活水平的提高。

（3）居民财产构成中储蓄和房地产所占比重高。

造成这一问题的原因分为两个方面：一是房价较高，占到了居民财产的绝大部分；二是储蓄作为家庭剩余财产的体现并未进入资本市场流通以获得更大价值。

（4）毕节市居民的风险承受能力低。

这一结论由居民财产构成、选择储蓄作为投资手段以及 62.83% 的被调查者表示未来预期还会选择储蓄作为投资重点得出。同时毕节市有

38.9%的居民家庭财产少于 10 万元人民币，他们自身财力和投资偏好共同导致该地区居民风险承受能力较低。

（5）金融市场发展严重滞后。

这一结论主要由居民已投资品种的时间和居民对理财产品的获知渠道的相关数据得出：利用储蓄投资的人均时间在 10.57 年，而进行股票基金和国债投资的时间分别为 0.66 年和 1.27 年；通过客户经理推荐和媒体广告获知理财产品的占比为 24.78%和 32.89%。金融市场的发展决定着居民的财产性收入水平，只有尽快建立成熟的金融市场，居民的剩余财产才能进入资本市场流通，才能有获得收益的可能。

（6）对居民金融知识的普及不到位。

这一结论主要由被调查者是否有过金融知识的学习和培训的数据分析得出：调查结果显示仅有 38%的被调查者表示自己有过金融知识学习或培训经历，剩下 62%的被调查者均表示没有。居民对金融知识的了解和风险意识的建立能够增加其获得财产性收入的可能，同时有助于金融市场的发展。

3.4 调查总体情况分析

本问卷样本容量一共 863 个，数据的收集与结论的分析均建立在调查和事实的基础之上，现对问卷统计进行有效分析。

（1）第一题。

在调查地点的选择中，选择毕节的有 217 名，选择贵阳的有 290 名，选择遵义的有 278 名，选择其他地区的有 78 名。由第一题的统计结果可以看出，此次问卷调查符合研究贵州省居民财产性收入这一总体目标。

（2）第二题。

在对被调查者基本信息的统计中，有 402 名被调查者是城镇居民，所占比例是 46.6%；有 461 名农村居民，所占比例 53.4%。本次调查大体符合贵州省的居民身份构成，在一定程度上能真实还原贵州省居民财产性收入的状况，有较高的可信度。同时本次调查所统计的数据还可用于对贵阳市、遵义市等地的居民财产收入确认做个别分析。

（3）第三题。

被调查者有 452 名男性，所占比例是 52.4%；有 411 名女性，所占比例是 47.3%。粗略来看本次调查在随机发放问卷的基础上能够做到男女性别比例合适。

（4）第四题。

被调查者中有 7 名 20 岁以下的青年人，所占比例是 8.4%；有 536 名位于 20~44 岁之间的中青年人，所占比例是 62.1%，该部分被调查者现为家庭、社会的中流砥柱，在家庭财产收入及社会投资上做出了相当大的贡献，为本次的重点调查对象；另有 205 名 45~59 岁之间的中年人，所占比例是 23.8%，对该部分人群的调查有助于分析稳健型投资的方向，这能对贵州省进一步发展壮大资本市场、金融市场提供一定的经验；还有 49 名 60 岁以上的老人，所占比例是 5.7%。综合本次调查分析，被调查者多数处于青壮年时期。

（5）第五题。

在被调查者中有 165 名在企业工作，所占比例是 19.1%；有 229 名在事业单位工作，所占比例是 26.5%；有 98 名在机关单位工作，所占比例是 11.3%；有 372 名属于个体从业人员，所占比例是 43.1%。此数据说明被调查者中个体从业人员占多数，这一调查结果与贵州省的基本情况是吻合的，在对 43.1% 的个体从业人员的财产收入确认分析中还能得到个体从业人员群体的发展现状，从而为政府制定对该人群工作的引导政策提供资料。

（6）第六题。

被调查者中有 225 名是单位负责人，所占比例是 26.1%；有 325 名是专业技术人员，所占比例是37.7%；有312名是办事人员和有关人员，所占比例是36.2%。该数据说明在被调查者中，专业技术人员和办事人员及相关人员所占比重较多。

（7）第七题。

被调查者中有195名是高中学历，所占比例是22.6%；有198名是专科学历，所占比例是23%；有263名是本科学历，所占比例是30.5%；有16名是硕士学历，所占比例是1.8%；有191名是其他学历，所占比例是22.1%。这说明被调查者中最多的是本科毕业人员，对这一部分被调查者的数据进行综合分析可以得到当下贵州省高校毕业人才的收入现状及投资偏好；同时对不同学历调查对象进行分析还能在一定程度上得到学历这一变量对于居民财产收入有无影响及影响大小。

（8）第八题。

被调查者中理工类毕业的有135名，所占比例是15.7%；社会学有92名，所占比例是10.7%；管理类有128名，所占比例是14.8%；文史类的有83名，所占比例是9.6%；经济类的有98名，所占比例是11.4%；商学类的有46名，所占比例是5.3%；其他的有280名，所占比例是32.5%。设计本题的目的是粗略地确认被调查者对于金融投资知识的了解程度，同时通过本题可以得出贵州省金融市场的建设还需要培养更多相关专业的人才的结论。

（9）第九题。

在对家庭人数的调查中，家庭仅有1人的有9名被调查者，所占比例是1.1%；家庭有2人的有69名，所占比例是8%，家庭有3人的有313名，所占比例是36.3%；家庭有4人的有264名，所占比例是30.6%；家庭有5人及以上的有206名，所占比例是23.9%。从这一数据可见所占比重最大的是由三人组成的家庭，同时也可以发现家庭成员为4人和5人的比例达到58.6%，符合贵州省的省情。

（10）第十题。

在对家庭财产的支配权调查中，有 190 名被调查者表示家庭财产由自己全权负责，所占比例是 22%；有 318 名表示自己有部分发言权，所占比例是 36.8%；有 340 名表示自己是重要决策者，所占比例是 39.4%；另有 15 名被调查者表示自己对于家庭投资毫不关心，所占比例是 1.8%。设计此题的目的是为问卷后续问题的调查创造条件，调查数据说明被调查者中对于家庭财产有部分发言权和重要决策者占了绝大部分，即绝大部分问卷的数据能够真实地反映贵州省居民的财产收入及投资方向。

（11）第十一题。

在是否经过专业金融知识培训一题中，有 256 名被调查者表示自己有经过培训，所占比例是 29.7%，其余的 607 名表示没有经过培训，所占比例是 70.3%。本题可同时解释贵州省居民投资力道不足及金融市场发展处于弱势的原因。绝大部分人没有经过系统的投资训练，一方面表示出金融知识普及的必要性，另一方面也说明在现行的居民财产收入情况下，贵州省居民的财产收入有很大的发展空间。

（12）第十二题。

在对家庭是否有债务的调查中，274 名被调查者选择家庭有债务，所占比例是 31.8%；家庭没有债务的有 589 名，所占比例是 68.2%。这说明被调查者绝大部分没有家庭债务，对于本题不能总结为贵州省还有相当大比例的居民承担着债务，而应深入探究其负债原因后下结论。

（13）第十三题。

在对家庭拥有房产数的调查中，592 名被调查者表示自己有 1 套房产，占总人数的 68.6%；216 名表示拥有 2 套房产，占 25.9%；40 名被调查者表示拥有 3 处房产；仅有 2 位表示自己拥有 4 套住房；1 名被调查者表示自己拥有 4 套以上的房产；另有 4 位表示自己没有房产。数据显示大部分家庭拥有一套住房，极少数家庭还没有住房；此题意在探究贵州省居民的房产占有程度，同时为第十六题的分析提供依据。

（14）第十四题。

在对被调查者的家庭财产调查中，588名选择收入在10万以下，所占比例是68.1%；222名收入在10万~40万，所占比例是25.7%；41名收入在40万~70万，所占比例是4.8%；9名收入在70万~100万，所占比例是1.1%；3名收入达到100万~150万，所占比例是0.3%。数据说明收入在10万以下的占据绝大多数，这一结论完全符合调查地的实际情况——除个别高收入者，贵州省大部分居民的收入能达到普通工薪阶层的收入。而在高收入者的财产确认中不排除有很大比例来源于拆迁补贴的可能，真正能够达到类似全国一线城市以投资收益作为财产收入一部分的实属少数。

（15）第十五题。

在家庭财产构成一题中，750名被调查者选择了储蓄，所占比例是86.9%；404名选择了房地产，所占比例是46.8%；88名选择了贵金属，所占比例是10.2%；171名选择了基金、股票、期货，所占比例是19.8%；245名选择了保险，所占比例是28.4%；33名选择了外汇，所占比例是3.9%；140名选择了国债、银行理财产品，所占比例是16.2%；6名选择了收藏，所占比例是0.7%；267名选择了其他，所占比例是30.9%。对本题的数据分析说明，在贵州省储蓄和房地产是家庭财产的重要表现形式，而能够创造财产性收入的基金、股票、期货等理财产品所占比例不足；这一方面显示贵州省的金融市场发展远远不够，另一方面也显示贵州省居民在财产性收入创造上还有很大的发展空间。

（16）第十六题。

基于家庭财产构成一题（第十三题），本题调查家庭财产构成总各部分所占比例大小：有61名被调查者表示房产占到财产的50%，15名表示能占到100%；而储蓄在财产中所占比例调查中有98位表示占到100%，100名被调查者表示储蓄占据家庭财产的80%；除去储蓄和房地产，基金、股票等理财产品在家庭财产构成中所占比例也不可忽视；然而总体上说贵州省居民的财产收入构成中储蓄和房地产占据了绝大部分。由此可以进一步分析是金融市场的不完善还是投资者本身没有多余的钱投入到相关领域导致这一现象。

（17）第十七题。

在对投资目的的调查中，将战胜通胀、资产保值放在第一位的有114名被调查者，放在第二位的有172名，放在第三位的有121名，放在第四位的188名，放在第五位的有267名。可以看出将战胜通胀、资产保值放在第五位的占据主要部分，由此可以把握贵州省居民对通货膨胀的担心程度较小。而将资产增值、提高生活水平放在第一位的有145名，放在第二位的有158名，放在第三位的有244名，放在第四位的有146名，放在第五位的有170名。这一选项结果数据说明大部分人将资产增值、提高生活水平放在第三位。有97名被调查者将为了购买耐用消费品的储蓄放在第一位，放在第二位的有144名，放在第三位的有201名，放在第四位的有663名，放在第五位的有154名。这说明大部分人将资产增值、提高生活水平放在第四位，也在一定程度上说明了贵州省居民对于资产增值的需求相对较小。将为了子女教育及未来打算放在第一位的有362名，放在第二位的有196名，放在第三位的有127名，放在第四位的有88名，放在第五位的有84名。这说明绝大部分将为了子女教育及未来打算放在第一位，这一结论完全符合国家的教育政策以及中国父母的传统思想，相当多的人选择因子女教育而进行投资也在一定程度上反映了贵州省教育事业的蓬勃发展。将养老放在第一位的有174名，放在第二位的有221名，放在第三位的159名，放在第四位的有151名，放在第五位的有138名。这说明绝大部分人将养老放在第二位。综上所述，在贵州省居民的观念中，最重要的投资目的是为子女教育及未来打算，其次是养老，然后是资产增值、提高生活水平，再然后是购买耐用消费品，最后才是战胜通货膨胀、资产保值。

（18）第十八题。

在关于被调查者获取理财产品渠道的一题中,有253名对理财产品的获知渠道是客户经理推荐,有347名对理财产品的获知渠道是同事朋友推荐,有146名对理财产品的获知渠道是媒体广告,有97名对理财产品的获知渠道是自我探究,有19个对理财产品的获知渠道是其他。根据统计数据得出同事朋友推荐是对理财产品最主要的获知渠道,说明由客户经理挖掘客户这一方式的发展潜力巨大,同时开展小区金融服务一类的市场拓展在贵州省的发展前景良好。

(19)第十九题。

本题对家庭年收入状况进行调查,有714名被调查者的家庭平均年收入在5万以下,有309名在5万~10万,有164名在10万~20万,有35名在20万~30万,有38名在30万~40万,有5名在40万~50万,有9名在50万~60万,有12名在60万以上。数据说明绝大部分被调查者的家庭年收入处在10万元以下,这一结论是符合贵州省省情的,同时也说明了贵州省的居民收入水平有待提高这一问题和贵州省居民财产性收入占比不高的原因。

(20)第二十题。

家庭年收入构成中,选择工资的有939名,选择租金的有319名,选择银行利息的有453名,选择基金、股票、期货的有163名,选择国债、银行理财产品的有173名,选择贵金属的103名,选择外汇的有49名,选择其他的有273名。数据说明家庭收入最主要的构成部分是工资,其次是银行利息;这与第十五题中家庭财产构成比例是符合的,银行储蓄和房产在财产中占比较大,所以银行利息和租金在家庭年收入中也会占有一定的比例。

(21)第二十一题。

由分析可得家庭平均年收入构成比重主要的部分是工资,而相应的财产性收入占比很小,而农村户口的被调查者的财产性收入占家庭年收入比例比城市户口居民要小。"创造条件让更多的群众拥有财产性收入"

在贵州省的落实情况还有待深化；金融产品投资和实业投资与租赁服务是多渠道增加居民财产性收入的两个重点，这对贵州省的要求较高却也势在必行。

（22）第二十二题。

本题调查家庭对不同产品的投资时间，家庭投资中时间最长的是储蓄，其中表示在 10 年以下的有 227 名，占比例 26.3%，10～20 年的有 520 名，占比例 60.2%。这说明储蓄在 10～20 年的比例最多。造成这一现象的原因可以从以下几个方面来分析，首先从全国总体水平看贵州省证券公司之间的竞争并不激烈，证券公司数量少，同时缺乏适当的竞争，阻碍了贵州省证券业的发展，也阻挡了贵州省居民进入证券市场的脚步。其次贵州省保险机构数量较少，保险理财产品的开发受限。再次信托等新型金融机构数量少且分布不均，严重影响了贵州省居民进入金融市场。最后贵州省银行业的发展较好，这也在一定程度上解释了财产性收入以储蓄的利息收入为主的现象。

综合上述四个方面的分析可知，贵州省金融大环境还有待改善，还需营造良好的投资氛围，让证券、保险、信托和银行同时发展，这样才能调动人民的积极性，才能更好地创造更多的财产性收入。

（23）第二十三题。

在对每年用于投资的资金占总收入的百分比的调查中，有 186 名被调查者表示在 10%以下，有 453 名在 10%～20%之间，有 174 名在 20%～50%之间，44 名在 50%～80%之间，5 名在 80%以上，这表明在投资资金占总收入为 10%～20%的居民占据多数。

（24）第二十四题。

在到目前为止在投资中的收益调查中，17 名被调查者选择了收益大于预期，有 343 名选择了收益符合预期，有 229 名选择了收益小于预期，有 65 名选择了略有亏损，有 58 名选择了亏损大于预期。数据分析说明收益符合预期的占据大多数，这在一定程度上可以作为鼓励居民加入贵州省金融市场建设大浪潮的依据。进行理财产品的投资是增加居民财产性收入的重要渠道，也是建设贵州省金融市场的不二选择。

（25）第二十五题。

针对投资组合的调整方向选择调整储蓄的有 541 名，选择调整房地产的有 419 名，选择调整贵金属的有 223 名，选择调整基金、股票、期货的有 337 名，选择调整保险的有 360 名，选择调整外汇的有 166 名，选择调整国债、银行理财产品的有 303 名，选择调整收藏的有 177 名，选择调整其他的有 246 名。数据表明选择调整储蓄的和房地产的最多，这是贵州省金融市场大发展后居民投资渠道增多、投资收益得到一定保障的必然结果。

4 我国现存财产收入核算体系存在的主要问题及原因

4.1 我国现存财产收入核算体系存在的问题

十八大报告提出"多渠道增加居民财产性收入",这是继十七大报告首次提出"创造条件让更多群众拥有财产性收入"之后的又一政策亮点,对切实保障和改善民生、持续扩大中等收入群体来说,具有十分重要的现实意义。①

4.1.1 财产性收入内涵的观点

目前学术界对财产性收入还没有形成统一的概念定义,在各种报刊、专著中出现的财产性收入概念的内容、口径不尽相同。一些学者引用《新帕格雷夫经济学大辞典》上关于财产性收入的解释:"财产性收入是指金融资产和有形非生产资产的所有者向其他机构单位提供资金,或将有形非生产资产供给他们支配,作为回报,从中获得的收入。它的主要形式有:利息、红利、地租等。"②引用最为频繁的是国家统计局有关专家的解释:"财产性收入是指家庭拥有的动产(如银行存款、有价证券)、不动产(如房屋、车辆、土地、收藏品)等所获得的收入。它包括出让财

---

① 中国政府网. http://www.gov.cn/jrzg/2013-02/12/content_2331513.htm
② 舒家先. 财产性收入:居民收入增量的重要来源之[J]. 领导之友,2008(1).

产使用权所获得的利息、租金、专利收入等；财产营运所获得的红利收入、财产增值收益等。"①

法学上的财产性收入，是指财产所有者通过投资、借贷、租赁和行使用益物权的行为所产生的经济收入。具体而言，法学上的财产性收入包括了四种收益关系产生的收入：一是投资收益关系；二是借贷收益关系；三是租赁收益关系；四是行使用益物权收益关系。②投资收益包括公民通过创办公司或企业来实现财产性收入，以及一些投资者在证券市场上认购股票依法取得的股票差价收入和取得的包括股息、红利、送配新股、增发新股等收益。借贷收益主要是购买政府债券、公司债券、基金和将货币借给他人、将货币存入银行获取利息的收益等。租赁收益关系是基于实物、不动产的出租形成的收益关系。而借贷收益关系是基于货币借贷形成的收益关系，其主要包括各种租金收入。用益物权收益关系是指享有土地承包经营权和出让地役权产生的收益。相比较起来，法学视角分析财产性收入的内涵比较广泛，它包括对财产所有权的各种权能如所有、占有、使用、收益和处分权利的让渡而获得的收益，把财产所有者将自己的动产、不动产或无形资产作为资本进行投资，或者以货币作为本金进行借贷，或者将实物、不动产借给他人使用、经营而产生经济上的收益全部揽入其中。

此外，还有一些有代表性的观点，如高敏雪（2008）认为财产性收入是指产生于资产使用权转让而形成的回报，大体相当于一个租金的概念。③该观点特别强调土地征用补偿费、资产价格如股票价格增值收益等并不是财产性收入。白暴力（2008）认为财产性收入具有丰富的内涵，它是指财产所有人把财产投入到社会生产和社会生活中，通过出让财产

---

① 张旭东，刘铮. 国家统计局专家：居民财产性收入快速提升是大趋势[EB/OL]. 新华网，2007-10-16.
② 林发新. 论法学的财产性收入与法律保护[J]. 东南学术，2008，（2）.
③ 高敏雪，王丹丹."群众"所拥有的财产性收入[J]. 中国统计，2008（1）.

使用权所获得的收入,例如利润、利息、财产增值收益等。财产性收入既存在于生产领域中,如利润、股票价值增值、股票红利等,也存在于非生产领域,如房屋租金等。[①]易宪容(2007)认为,财产性收入就是以产权契约、金融票据、证券契约形式将"财富"资本化的所得。[②]周彦文(1998)认为,财产性收入是指财产所有者通过对财产的直接经营或让渡财产的所有权、使用权而获得的经济利益,是财产所有权在经济上的实现。[③]还有的学者认为财产性收入不是直接劳动所得,而是居民家庭通过私人财产获得的增值收益。[④]还有的学者认为谈及居民财产性收入就要认可劳动者产权,获得相应的财产性收入。可见,理论界关于财产性收入的内涵并无一致意见,对于一些问题如财产性收入是否仅是基于财产使用权而带来的收益,有没有牵涉到财产所有权的让渡问题生产性资产使用权带来的收益是否属于财产性收入,专利、专有技术、商标商誉等无形非生产资产使用权转让的收益是否属于财产性收入,财产性收入中是否包括劳动力财产权的经济实现,等等,都没有进行过仔细探讨,财产性收入的内涵和外延并不明确,需要展开深入细致的研究。

4.1.2 居民财产性收入的分类

居民财产性收入,一般可分为由家庭拥有的动产(如银行存款、有价证券等)和不动产(如房屋、车辆、收藏品等)所获得收入,主要是通过交易、出租财产权或进行财产营运所获得的利息、股息、红利、租金、专利收入、财产增值收益、出让纯收益等。

---

① 白暴力. 让城乡居民收入稳步增长——为什么要深化收入分配制度改革[M]. 北京:人民出版社,2008.

② 易宪容. 民众拥有财产性收入的背景与条件困[N]. 中国经济时报,2007-11-7.

③ 周彦文,陈莉霞. 试论财产收入的概念、性质和功能明[J]. 中南财经大学学报,1998(1).

④ 布尔什维克. 财产性收入及其条件闲[J]. 商业文化,2007(11).

《中国统计年鉴》对"财产性收入"做了一个较为简洁的定义,认为财产性收入是"金融资产或有形非生产资产的所有者向其他机构单位提供资金或将有形非生产性资产供其支配,作为回报而从中获得的收入。"这一定义中包括两个方面:首先,财产性收入属于财产而不属于资产,更不属于资本,它是通过对其进行转让、提供来获得相应的回报。虽然像企业、政府这类市场主体中这种行为也普遍存在,但它更多的是体现在居民行为中,由于居民财产大多具有非生产性这一特征,因此他们通常是通过转让财产以获得收入;其次,该定义中的财产只包括两种类型,一种是金融资产,另一种是有形的非生产性资产,像人力资本、无形资产如知识产权(各种发明、专利、技术、技能等)并不包括在内。而这样定义居民通过转让财产来获得各种收入,似乎过于狭窄。

想要更准确地把握财产性收入的范畴,首先必须要确定财产性收入的主体。在现代市场经济中,市场行为主体通常包括居民、企业以及政府,因此,依据市场经济主体划分,可以将财产性收入分为居民的财产性收入、企业的财产性收入以及政府的财产性收入。十七大报告中提出"要创造条件让更多群众拥有财产性收入",从经济意义的角度来看,"群众"包括农民、工人、教师、商户、企业主等,其中,像企业主和商户,我们可以将这部分"群众"在市场经济意义上归类为企业主体;而农民这类"群众"我们可以将其视为居民主体和企业主体的混合体。而通常,大部分"群众"是以居民主体的身份出现在市场中的,工人、教师、职工就属于这类。因此,在本书中,我们将"群众"作为考察视角,除去企业主体和企业行为。从居民主体的财产行为角度进行考察,那么这里的财产性收入就是指居民的财产性收入,本书对此进行研究,以促进提高居民财产性收入,改善民生。

毫无疑问,财产性收入是对居民经济贡献支付的报酬。但是,存在这样一个问题:是通过什么样的经济贡献而获得财产性收入呢?以往的一般国内教科书和经济统计年鉴只提供了与劳动贡献有关的工薪收入的观点与数据，而基本上很少对居民的财产性收入进行深入研究。事实上，居民作为现代市场经济的微观主体，是市场经济循环运行的重要组成部分，其要素贡献构成了居民主体的全部收入。在现代市场经济中，循环运行图已明确显示了这种关系：无论是萨谬尔森的"两市场两主体"还是斯蒂格利茨的"三市场两主体"，居民主体和企业主体都结成了要素贡献和要素经营、要素收入和收入提供的对应关系，市场主体之间依靠这种关系对现代市场经济进行运转。尽管中国进入市场经济的时间不算太长，但居民主体和企业主体的这种关系已基本形成，并且显示了中国居民财产性收入的根本来源。

中国居民的要素贡献与要素收入主要体现为以下四个方面。

第一，从土地要素方面来看，尽管中国实行了城市土地国家所有制和农村土地集体所有制，但居民还是拥有土地的使用权，可以通过转让、出租、抵押等市场化手段来获得级差收入或增值收入。

第二，从劳动要素方面来看，劳动包括简单劳动和复杂劳动。简单劳动不存在高等教育、特殊培训等经历，通常工薪水平较低，与财产性收入无关；而复杂劳动则不同，它通过对人力资本的投入，以对所获得利润进行分析，从而获得资本回报，因此可以视为财产性收入的一种形式。然而，在实际经济统计中，我们很难区分复杂劳动和简单劳动，更无法区分通过复杂劳动与简单劳动而分别获得的工薪收入。通常，在统计年鉴中，工薪收入是在非财产性收入中进行列示，因此通过人力资本所获得的收入就无法纳入财产性收入的范围。

第三，从非人力资本要素方面来看，可以分为金融资本、实物资本和实业资本。金融资本包括居民所持有的储蓄、保险、债券、股票、外汇等；实物资本则包括居民所拥有的房地产、古董、艺术品、邮票等各种收藏品；实业资本是指居民手中所持有的各种权益性资产，例如股份、专利、发明权、冠名权等。这三种资本的差别主要在于有些资本品种是由居民持有并通过对其进行经营实现增值以获得收益，而大部分的资本品种则是通过让渡资产使用权和所有权来实现收益；还有些资本品种尽管是由居民持有，但需要通过企业进行经营才能获得资产收益，例如冠名权，尽管属于居民所有，但只有将其投入企业经营才能实现其价值，使居民获得相应的收益。尽管如此，但它们都具有保值和增值功能，都能够为居民带来一定的收益，因此构成了居民的财产组成部分。

第四，从管理要素和技术要素方面来看，这是指居民所拥有的管理才能和技术才能，是介于居民所持有的人力资本与非人力资本的要素贡献之间。当居民作为企业中的管理者时，因承担一定的经营风险，从而可以分享实现的利润或获得风险收益。在企事业单位给予高管人员的薪酬中，既包括人力资本的报酬，也包括他们因承担经营风险所获得的收益。然而，在实际统计资料中，我们很难鉴别和计算这部分利润，这增加了将管理要素作为居民资产并且确定其财产性收入的难度。而对于居民因拥有技术技能所获得报酬的这部分，在统计年鉴中也很难找到相应的数据，因此也增加了对完整的居民要素贡献研究的难度。但无论如何，根据上述要素贡献的类别和项目，在理论上还是能够清楚地了解居民财产性收入的来源以及获得途径从而对目前理论界的一些认识误区进行澄清。有些学者认为财产性收入是指"依靠财产拥有而获得财产的那种收入"，这实际上是把"财产持有"视为"财产性收入"。财产持有包括存款、基金、债券、股票、各种收藏品，是居民所拥有的各种动产和不动产。而财产性收入是居民对其所持有的财产进行让渡来获得的各种收益，是基于财产拥有的权利。

还有一些学者认为居民家庭的汽车、电器、家具等也是属于财产性收入的范畴，这是将主体与衍生体相混淆了。根据上一段的论述，汽车等家庭大宗用品属于财产拥有，我们可以将其视为居民所拥有的不动产，但它不具有"资产"的特性，这是由于经济学上的"资产"或"资本"都是指能够使居民或企业主体获利、实现增值、生息的财产，并不是所说的一般财产。汽车等大宗用品在居民家庭中主要是作为耐用消费品而为居民所拥有，既不增值也不增利，当然不在"财产性收入"的范畴之内。当然有一种情况例外，当居民将其所拥有的一般家具、汽车、电器进行出租以获利，那就属于企业行为，与本书所研究的"居民的财产性收入"并不等同。

4.1.3 我国现行国民财产性收入核算体系存在的问题

4.1.3.1 财产性收入本身存在问题

（1）财产性收入的结构不合理。

中国居民的财产性收入主要包括利息收入、租金收入、股息红利收入、保险收益、知识产权收入、财产增值收益，由于银行储蓄较安全，是中国大部分居民理财手段的首要选择，因此其占居民财产性收入的较大比重；房产、收藏等实物资产实现的财产增值收益紧接其后，同时租金收入也逐渐为大众所接受；由于债券、股票、外汇投资等波动较大，风险较高，目前被居民接受程度较低。如果把居民分为低收入阶层、中等收入阶层、高收入阶层，则可以更加容易看出，低收入阶层由于收入较低，更倾向于保险性理财，更倾向于进行银行储蓄和购买不动产，因此利息和租金收入是他们财产性收入的重要来源；中等收入阶层除了房产投资之外，愿意将余钱用于购买债券、保险、基金等；高收入阶层由于收入较高，风险承受能力较强，他们更倾向于冒险性投资，因此他们愿意将手中的钱购买股票、期货、外汇等风险较高、收益也较高的资产；这样就出现了财产性收入的不均衡分布。这种结构性的不均衡将会导致贫者小富、富者越富的局面，不利于共同富裕的目标实现。

（2）财产的流动不顺畅。

在现代市场经济中，供求关系、价格、利率、税收等市场因素变动，居民财产也会随之而变动。同时，很大部分居民也会考虑户籍、年龄、婚姻、家庭、教育等非市场因素的变动，从而对其财产进行调整。由于中国进入市场经济的时间并不长，在市场层面、制度政策方面以及技术层面上还不够成熟，存在着种种障碍，从而出现了居民财产流动不强、不通畅的问题。根据流动性强弱，中国居民所拥有的银行储蓄、债券、股票等财产具有较强的流动性，而房地产、收藏品等流动性较弱，并且居民心理可能会因为利率、外汇、税收、产权等因素的变动而受到影响，进而影响居民的投资行为，从而影响居民财产性收入的增长。

（3）财产性收入不平等。

中国地大物博，居民收入会因地理位置、行业差别、教育程度等方面的差别首先在工薪收入上表现出不平等，紧接着会使居民在动产和不动产的拥有量上表现出不平等，进而导致居民在财产性收入上出现不平等。工薪收入差别可能会导致财产性收入的差别达到百倍以上，从而出现贫者愈贫、富者愈富的局面。因此，我们不得不深入研究居民财产性收入的激励与规范问题，否则，财产性收入的社会分布将严重失衡从而影响民生与共同富裕的实现。

4.1.3.2　现行财产收入的统计范围与实际财产收入范围存在差别

现行国民收入核算对财产收入核算的范围过窄，不符合财产收入的性质。当研究个人收入分配而不是描述国民收入总体循环时，利用现行国民经济核算的口径对居民财产收入水平和个人收入差距进行计量，会造成极大误差。应将所有财产带来的收入、财产自营收入、企业留存收益和财产增值收入等都列入财产收入进行统计，这对于正确认识收入分配现状，正确推动更多居民拥有财产性收入关系重大。

要研究财产收入，首先要清楚财产的内涵和外延。从内涵上讲，一切对人类有价值或使用价值而且有所有权的东西都是财产。《新帕尔格雷夫经济学大辞典》实际上把 Property（财产）当作所有权来解释，并强调一切有价值的东西都有所有主。美国法经济学家罗伯特·考特、托马斯·尤伦也强调了财产的权力性和广义性:"财产的法律概念就是一组所有者自由行使并且其行使不受他人干涉的关于资源的权力。"①《现代汉语词典》把财产解释为金钱和物资。参考民法通则,把与个人有关的财产分为金融资产、实物资产和无形资产更准确。

从逻辑上讲,依据财产获得的收入都是财产收入,但现行国民经济核算体系对"财产收入"并非如此定义。SNA(System of National Accounts,国民账户体系)的最新定义是:财产收入是所有者把他们所掌握的金融资产和自然资源交给其他机构单位使用时产生的。为金融资产的使用支付的收入被称投资收入,而为自然资源使用支付的收入被称为地租。具体包括:① 投资收入分为利息、公司分配收入(红利股息和准法人企业收入的提款)、国外直接投资的再投资收益(留存收益)、其他投资收入(归于保险投保人的投资收入、为养恤金支付的投资收入和归于共同投资基金股东的投资收益);② 地租②。

联合国统计署主持制定的 SNA 划定的财产收入范围与实际财产范围有相当大的差别,多数和财产有关的收入并不核算为财产收入。从居民个人财产角度来说,首先除自然资源之外的实物财产即"生产资产"被排除在可获得财产收入的范围。例如住宅这一重要的居民财产不被看作是财产收入来源的资产,因而与住宅有关的收入不被看作财产收入。"生产性有形资产"使用权转让被视为提供服务,其租赁费用记为提供者的产出,这种因财产而产生的租赁收入不能被记为财产收入。其次无形资产被排除在可获得财产收入的范围之外。无形资产使用费不再当作财产收入,这和 SNA(1993)规定的财产收入定义——财产收入是指因资产

---

① [美]罗伯特·考特,托马斯·尤伦. 法和经济学[M]. 张军等译. 上海:上海三联书店,1991:125.

② Commission of the European Communities, International Monetary Fund, Organisation for Economic Cooperation and Development, United Nations, World Bank. System of National Accounts 2008[M]. Printed at the United Nations, New York, 2009: pp199-203, 224-226, 158.

使用权在一定时间内出让而产生的由使用者支付给所有者的报酬——有很大不同。"知识产权产品"（Intellectual Property Products）与有形固定生产资产做同样处理。再次，财产在所有者自己手里产生的收入不能被记为财产收入。财产收入记录以财产使用权转让为前提。如股份企业分发的红利要记为财产收入，个体户或独资企业提取的利润收入就不能算作财产收入。第四，企业留存收益不被算作财产收入。其中国外直接投资的留存收益可以被记为财产收入，内资的留存收益（未分配利润和盈余公积）不能记为财产收入，只有分配的股息红利才算作财产收入。最后，财产增值收入不能记为财产收入。财产增值收入只能记入"资本形成"，不属于国民收入。

中国现行的财产性收入定义与 SNA（2008）的财产收入定义意思类似。国家统计局的定义是：财产性收入指金融资产或有形非生产性资产的所有者向其他机构单位提供资金或将有形非生产性资产供其支配，作为回报而从中获得的收入。有形非生产性资产即指自然资产。但国家统计局城市社会经济调查司在《中国城市（镇）生活与价格年鉴》中对家庭财产收入给出得更为详细的定义则与上述定义略有不同。其具体规定是：财产收入是家庭拥有的动产（如银行存款、有价证券）、不动产（如房屋、车辆、土地、收藏品等）所获得的收入，包括出让财产使用权所获得的利息、租金、专利收入，财产营运所获得的红利收入、财产增值收益等。具体包括利息收入、股息与红利收入、保险收益（不包括保险责任人对保险人给予的保险理赔收入）、其他投资收入、出租房屋净收入、出让知识产权净收入以及其他财产性收入。其中其他投资收入指家庭从事股票、保险以外的投资行为所获得的投资收益，如出售艺术品、邮票等收藏品超过原购买价的那部分收入，投资各种经营活动（自己不参与经营）所获得的利润，以及财产转让溢价部分收入。

《中国城市（镇）生活与价格年鉴》的定义与 SNA 定义的区别有两点。一是多出的部分：① 部分有形生产性资产即家庭不动产这类实物资产，如住房、车辆、收藏品等被列为可获得财产收入的范围；② 部分无形资产主要是知识产权仍被列为可获得财产收入范围；③ 多了财产转让溢价部分收入；④ 投资各种经营活动（自己不参与经营）所获得的利润或红利。二是少的部分：① 具体项目没有列出地租收入，这大概与目前中国实际情况有关；② 未列国外直接投资留存收益，此外，生产性有形资产租赁收入、自营利润、内资企业留存收益、未转让财产增值等也都没有被记为财产性收入，其中财产增值收益仅指财产转让溢价部分收入。以上差异除无形资产外，与SNA（1993）也不相同。相关区别如表4-1所示。

表4-1 居民财产、居民财产收入与财产收入核算范围的差异

居民财产种类	居民实际可获得的财产收入	财产收入核算范围	
		SNA	中国
通货和不计息存款	物价和汇率变动引致其价值变动		
存款、债务证券、贷款	价值变动、利息	利息	利息
权益和投资基金股票	产权价值变动、利润总额	股息红利、准法人企业收入、国外直接投资的再投资收益	股息红利、投资各种经营、不参与经营所获得的利润
保险专门准备金	投资性保险收入	保险投保人的投资收入、为养恤金	储蓄性保险收益
金融衍生工具和雇员股票期权	价值变动		
自然资产	价值变动、地租或自用虚拟地租	地租	（具体项目未说明）
住房	价值变动、租金或自住虚拟租金		出租房屋净收入（收入年鉴）

续表

居民财产种类	居民实际可获得的财产收入	财产收入核算范围	
		SNA	中国
生产资料	价值变动、租金		
存货、耐用消费品（车辆等）	价值变动 价值变动、租金或自用虚拟租金		租金（收入年鉴）
珍贵物品	价值变动		转让溢价收入（收入年鉴）
非住房建筑和其他土地定着物	价值变动、租金或自用虚拟租金		
培育生物资源	利润收入		
知识产权	无形资产使用费		出让知识产权净收入（收入年鉴）
商誉、营销资产	无形资产使用费、转让收益		
综合性的			财产转让溢价收入（收入年鉴）

4.1.3.3　财产收入统计应有的范围

SNA初次分配核算有两个层次。第一个层次把生产的收入转换成分配的收入。生产的收入为增加值，形成的分配的收入按支付去向分为劳动报酬、生产税净额、营业盈余和混合收入；这里没有"财产收入"，资产所有者的所得就是营业盈余。第二个层次把形成的分配的收入分配给生产的参与者。市场参与者的原始收入来源有两种：第一种是把上述净增加值几部分从生产者转移到接受者；第二种是来自金融资产或土地、地下资产等有形非生产性资产所有权的财产收入，当这些资产的所有者把它们交给其他机构单位使用时，就会产生"财产收入"。从原始收入分配账户看，原始收入是该部门营业盈余（或混合收入）加各种初次分配收入减财产收入支付后的余额。其中住户原始总收入余额=雇员报酬+混合总收入+（应收财产收入-应付财产收入）；有观点认为应再加上自有住房者生产的住房服务的总营业盈余。各个部门的原始收入余额之和就是国民收入或国民生产总值。

  以上核算过程中对财产收入的定义，是把其视为国民收入总体核算过程中，对机构单位资产所有者把其金融资产和自然资产交给其他机构单位使用时产生的收入。它作为一部门从另一部门获得的资产收入，其实质含义是租金。它与公司利润、混合收入此消彼长。这种定义的核算对于描述国民收入分配流程和国民收入新价值来说，没有总量差错。然而，从《中国统计年鉴》我们可以直观地看出，国民经济核算与人民生活统计是两个不同的项目。当我们研究人民生活或个人收入分配而不是国民收入总体循环时，再按国民经济核算（国民账户体系）的定义统计财产收入，在性质上和数量上就会出现误差。根据美国的相关统计可知，美国经济分析局的国民经济核算并不使用财产收入和营业盈余等项目，而是直接使用净利息、个人租金、公司利润等项目，净股息又是公司利润下的一个子项目。美国个人收入统计与 SNA 口径也不一致，具体构成包括雇员报酬、业主收入、个人租金收入、资产收益和个人经常转移收入，调整的个人收入要减去一些项目，又加上个人社会保险缴款、销售资产的净增益、应税养老金和小企业公司收入等。这一统计方式当然也并不完整。

  笔者认为，完整的个人财产收入统计应包括以下两点。第一，所有由财产带来的收入都是财产收入。财产的最大特点是：财产所有人对自己的财产享有占有、使用、收益和处分的权利；财产或所有权与其收益密切相关。美国宪法的主要起草者詹姆斯·麦迪逊认为"财产更广泛、也更恰当的含义应当包括一个人认为有价值的、有权享有的一切东西；

且自己可支配其全部收益"[①]。对个人所有物一般习惯于统称财产,而在具体项目和实际运用中往往称资产,自己的资产投入经营又被称为资本。英语 property 同时是财产、资产、所有物、所有和所有权的意思,也可以理解为财产权,asset 也兼有资产和财产之意。资本即自有资产投资要求有回报,而自有资产或资本财富对所有者来说就是财产;可以凭借自己的资产获得的收入就是财产收入或所有权收入、财产权收入,而不论是哪一种资产以及如何使用资产,即不管是运用财产进行直接经营、让渡财产使用权还是财产增值都是如此。

因此,自然资源之外的实物资产即有形生产资产以及无形资产也是财产收入的来源。前者包括生产资料、存货、耐用消费品、珍贵物品、住房、非住房建筑和其他土地定着物,后者包括知识产权、商誉、营销资产等。无形资产中知识产权具有部分的劳动报酬性质,但知识产权收入与劳动量没有对应关系,大额的知识产权收入中财产收入的因素更多。还有雇员股票期权,SNA 把它作为雇员津贴处理,有一定道理,但大额的此类报酬是否都是劳动的报酬令人生疑,实际上,经济理论一般把股权激励看作是剩余的分享,因而其更多的成分是分红的一种特殊形式。

第二,财产增值也是财产收入。首先,非生产领域本身虽然不创造价值,不是财产收入的来源,但可以改变价值的分配。股票买卖虽然是一种博弈,不能成为一个国家增加财产性收入的来源,但可以成为某些居民的财产性收入来源。股份的溢价发行、股本溢价、法定重估都会使投资者"赚钱"。通胀增值虽然没有增加一个国家的物质财富总量,但可以通过通货膨胀把一部分通胀受损者的价值转移到增值的财富的所有者手中,成为这部分社会成员的财产收入。其次,国民经济核算的一个基本原则就是不能把收入分配狭隘地理解为货币收支,而应理解为各种经济价值的获得或放弃,这些经济价值包括实物,因此应对实物财产进行

---

① Madison, J. Property[A]. In G.Hunt (ed.) The Writings of James Madison.Vol.6: 1790—1802[C]. New York: G.P.Putnam's Sons, The Nickerbocker Press, 1906.

价值变动计量。同样一笔资产，如果认为存款获得了利息就有收入，而买了黄金增值就没有收入，这种核算就与现实经济关系相距甚远。最后，有些经济价值的获得不一定易手，例如既然农民自产自用的产品都要核算收入，那么增值而未出售的财产不是也应这样核算吗？经济核算的另一原则是权责发生制，因此财产增值了就应记为收入，而不一定非得等到卖出，即进入市场的和没进入市场的财富增值都是实际的财产收入，至于出售的就更是如此了。①

4.2 我国现存财产收入核算体系存在问题的原因

4.2.1 历史原因

党的十七大报告首次出现了"创造条件让更多群众拥有财产性收入"的新提法，这既是对马克思经济理论的继承和发展，又是新时期我国收入分配理论的重大创新。回顾中华人民共和国成立以来我国收入分配理论由单一的按劳分配、不允许其他分配方式存在到坚持和完善按劳分配为主体、多种分配方式并存的分配制度，健全劳动、资本、技术、管理等生产要素按贡献参与分配的制度，历经几次认识上的重大发展。这个过程也同时表现为对非劳动生产要素参与收入分配地位认识的提高，以及对各种财产要素凭借要素所有权，根据他们在生产中的贡献而获得相应财产性收入的认识逐步深化。

4.2.1.1 计划经济时期对城市居民财产性收入的否定

1949 年中华人民共和国成立以后，到 1956 年以前，多种经济成分

---

① 李济广. 居民财产收入的范围、统计及其对个人收入的影响[J]. 中国地质大学学报（社会科学版），2010（06）：106-112.

共存，其中占主体的是个体经济，其次是国营经济和合作经济，再次是资本主义经济，因而占主导地位的分配形式是按生产要素分配，其次是按劳分配和供给制。①1953年以后，我国开始向单一公有制和计划经济的社会主义过渡，到1956年底，基本完成了生产资料的社会主义改造。在城市，建立了以国营经济、集体经济为主体包括少量个体经济的所有制结构，绝大多数就业居民变成了国家企事业单位的职工或集体企业职工，其收入被纳入国家统一规定的工资体系和级别中。1956年，我国首次进行企业、事业和国家机关的工资制度改革，直接以货币规定工资标准，最终确立了以技术、职务、行业、地区四个基本因素为参照标准的"按劳分配"制度，同时对一些便于实行计件工资的部门实行计件工资，对企业及职工实行与效益挂钩的奖励制度（奖金）。②公有制的生产资料为国家和集体所有，同时出于社会主义生产资料所有制理想模式的追求，限制非公有制经济的存在，因此劳动者没有资本的投资收益，劳动收入是劳动者的主要收入（固定工资，奖金、补贴等）和部分非劳动收入被视为不合法。除了生活必需品外，广大城市居民几乎没有其他的私人财产，更谈不上拥有财产性收入。20世纪80年代初，世界银行在对中国的考察报告提及当时中国居民除了从银行极少量的存款里面取得的极少量的利息是财产性收入之外，没有财产性收入。③居民储蓄的来源在于劳动者通过按劳分配原则获取的收入，总量很小（1978年年末全国储蓄存款余额仅为216亿元）。

---

① 张卓元等. 论争与发展：中国经济理论50年[M]. 昆明：云南人民出版社，1999.
② 武力，温锐. 新中国收入分配制度的演变及绩效分析[J]. 当代中国史研究，2006，（07）.
③ 赵人伟. "让更多群众拥有财产性收入"的真义[N]. 北京日报，2007-11-5.

4.2.1.2 计划经济时期农村居民财产性收入思想变迁

（1）土地改革时期对农民财产性收入的许可。

① 实行农民土地所有制和保护私有财产。

中华人民共和国成立初期，中央政府决定把土地改革作为在农业生产领域恢复和刺激生产的最重要措施。1950年6月出台的《中华人民共和国土地改革法（草案）》明确规定"废除地主阶级封建剥削的土地所有制，实行农民的土地所有制""没收地主的土地、耕畜、农具、多余的粮食及其在农村中多余的房屋。但地主的其他财产不予没收"，并规定保护富农、中农（包括富裕中农在内）的土地及其他财产，不得侵犯。1953年底基本完成的土地改革彻底消灭了地主土地所有制，农民第一次成了土地等生产资料的主人。

② 部分农民获得了财产性收入。

农村土地改革以后，各个农户不仅拥有土地的所有权，同时也拥有若干其他的生产资料，如牲畜、农具等私有的财产。但各个农户拥有的牲畜、农具并不均衡。拥有较少、较差或者根本没有牲畜和农具的农户，在生产中还要或多或少地依赖别人。因此，牲畜、农具的租赁关系在土地改革后的农村中是存在的，[①] 也出现了一些土地买卖的现象。该阶段中国农村采取土地私有制和对私有财产的保护，个体经济和自给自足经济占主体地位，占主导地位的分配方式是按生产要素分配，广大农民拥有自己劳动成果，其收入主体是劳动收入。但由于生产资料等财产占有和分布的不均衡，又出现了土地、农具等财产要素所有、占有、使用、支配等权能的让渡，由此获得少量租金等财产性收入。

（2）农业合作化时期对农村居民财产性的态度转变。

① 农业生产合作初级社时期。

[①] 于光远，林子力，马家驹. 论半社会主义的农业合作社的产品分配[J]. 经济研究，1955（02）.

以家庭为基本单位的分散个体经济仍是一种私有制，任其发展会导致农村贫富两极分化。为了对生产资料私有制进行社会主义改造，中共中央对土地占有和使用制度进行了一系列的变革。

　　1951年12月，中共中央通过了《关于农业生产互助合作的决议草案》，提出要有重点地发展土地入股的农业生产合作社。1952年，全国成立了802万个互助组，参加互助组的农户达到4 500多万，占农户总数的39%。在越来越多农民参加互助组的同时，中央开始引导农民参加农业生产合作社。1953年12月，中共中央公布的《关于发展农业生产合作社的决议》指出：现有的合作社"是走向完全社会主义化的过渡形式的合作社"，它"包含有两方面的性质即私有的和合作的性质。因此，也就必须采取一些灵活的和多样的过渡的分配办法"。对于私有的牲畜农具等生产资料要"规定公平合理的代价，一方面不致使该项代价侵蚀一般社员的劳动报酬，并避免变相的富农剥削；另一方面又不致使牲畜农具的所有者吃亏"①。这样，农业生产合作社的总产品在抵偿了生产资料的消耗和缴纳给国家的农业税（以及支付农业贷款息）后，必然要出现多种分配形式：如公积金和公益金、土地报酬、牲畜和农具报酬、投资报酬、劳动报酬等，其中劳动报酬是最主要的形式。②土地报酬、牲畜和农具报酬、投资报酬就是当时财产性收入的主要形态。土地报酬是社员的土地所有权在经济上实现的形态。牲畜、农具等报酬其本质上也就是合作社向社员租用牲畜、农具而支付的租金。此外，还有某些社员把一定数量的实物（种子、肥料等）或货币作为所谓"投资"交给合作社使用，实际上也就是借给合作社，因而合作社除了要按期还本外，还要给予所谓

---

① 中国共产党中央委员会. 关于发展农业生产合作社的决议[M]. 北京：人民出版社版，1954.
② 于光远，林子力，马家驹. 论半社会主义的农业合作社的产品分配[J]. 经济研究，1955（02）.

"投资报酬","投资报酬"本质上也就是利息。① 这些分配形式是合作社中的私有因素在分配关系上的表现,是合作社中非社会主义因素的表现,但这正是分配关系受生产关系所决定的经济发展的客观规律所决定的。可见,党的政策承认了过渡时期收入分配方式的灵活多样,认同了农民生产资料私有权所获取的各种收入,也由此带来了财产性收入在一定时期的普遍存在。

② 农业生产合作高级社时期。

1953 年年底,全国农业生产合作社已发展到 114 万个,1954 年发展到 50 万个,比上年增长了 35 倍以上。农业合作化运动在全国掀起了新的高潮,到 1955 年底,初级农业生产合作社增加到 190 多万个,入社农户达到 7 500 万户,占全国总户数的 63%左右。到 1956 年底,加入合作社的农户达到 1118 亿户,占全国总农户的 96.13%。其中,参加高级社的农户占总农户的比重由 1955 年的 4%猛增到 87.18%。② 初级社与高级社的不同主要体现在三个方面:一是规模不同。初级社一般由 40 ~ 50 户农户组成,而高级社的平均规模要达到 200 户左右。二是性质不同。初级社保留了社员的生产资料私人占有制度,土地仍归农民所有。而高级社农户的土地无代价地转为集体所有,其他生产资料如耕牛、大农具作价转让为集体所有;入社农户允许保留少量的自留地;全社实行统一计划,统一经营,集体劳动,按劳分配。③ 三是收入不同,初级社社员除了按劳动工分取得报酬之外,入股的土地和交付合作社统一使用的耕畜、农具等可以凭借财产所有权得到相应的报酬,即财产性收入。高级社全社收入扣除各种费用和提留之后全都按工分制分配,即按劳动量多少分

---

① 于光远,林子力,马家驹. 论半社会主义的农业合作社的产品分配[J]. 经济研究,1955(02).
② 于光远,林子力,马家驹. 论半社会主义的农业合作社的产品分配[J]. 经济研究,1955(02).
③ 郭熙保. 论土地制度的变革对农业发展的影响[J]. 经济评论,1995(01).

配，获得的是劳动收入。随着收入分配方式的改变，原来普遍存在的农村居民财产性收入几无觅处了。

③ 人民公社时期对农村居民财产性收入的否定。

1958年8月随着《关于在农村建立人民公社问题的决议》公布，声势浩大的人民公社运动在全国农村范围内迅速掀起。至11月初，全国就有99.11%的农户参加了人民公社，原来74万多个农业合作社合并成为2.65万个人民公社。[①]人民公社的特点是"一大二公"，即规模大，多数是一乡一社，人口在2万人左右；公有化程度高，实行生产资料的公有制，废除一切私有财产，如把农民的自留地、自养牲口、自营果树全部收归公社所有。不仅如此，还实行了部分生活资料的公有制，不少地区还实行了低水平的"按需分配"，刮起了"共产风"。[②]

实践证明，这种不适合生产力发展水平的生产关系的急剧变革大大阻碍了生产力的发展。在三年调整时期，中共中央对难以为继的人民公社体制进行调整，将"一大二公"改变为"三级所有、队为基础""政社合一"、集体生产经营、按劳分配的人民公社体制。人民公社的分配制度经历了最初的工资制到工资制和部分供给制相结合再到工分制的三次变革。其中工分制在"大跃进"之后整个人民公社时期被使用，一直延续到20世纪70年代末、80年代初农村实行家庭联产承包责任制时为止。工分制仅能反映每个社员的出勤情况，既不能反映努力程度，又不能反映劳动的质量，其实行结果必然是分配上的平均主义。严重的平均主义分配倾向压抑了劳动者的生产积极性，致使绝大多数农村社会劳动生产率低下，农民的收入基本上是单一劳动收入，既包括从事农业、农家副业劳动的收入，也包括从事其他劳动如运输、建筑、手工业等劳动的收入，同时还包括一些其他的少量收入，如国家每年发放的救济款，农民

[①] 郭熙保. 论土地制度的变革对农业发展的影响[J]. 经济评论，1995（01）.
[②] 武力，温锐. 新中国收入分配制度的演变及绩效分析[J]. 当代中国史研究，2006（07）.

子弟、亲友从城市向乡村的汇款等。①除了极少数的利息收入外，再无其他的财产性收入。

（3）改革开放以来居民财产性收入思想的发展历程。

党的十一届三中全会后，中国掀起了一场以激励机制的改革和分配制度的变化为开端的改革开放浪潮。伴随着单一的公有制向多元化的所有制结构转变，我国的收入分配理论和实践不断创新与发展，推动收入分配格局不断演变，尤其是对长久以来不敢触及的凭借非劳动生产要素所有权所获得的财产性收入走过了从正视到合法承认到大胆鼓励的历程。我国改革开放以来财产性收入分配思想的演进大体经历了五个阶段。

① 对平均主义分配方式的否定（1978年10月至1984年9月）。

从1978年12月党的十一届三中全会召开到1984年10月党的十二届三中全会召开，是我国居民财产性收入思想的酝酿阶段。当时摆在中国共产党人面前分配领域一个亟待解决的问题是，现阶段的中国并不具备马克思按劳分配原则所要求的社会经济条件，那么如何正确理解和贯彻"按劳分配"原则？党的十一届三中全会彻底否定"两个凡是"的方针，重新确立了解放思想、实事求是的思想路线，为解决这一迫切问题排除了思想障碍，打破了前进航道上的坚冰。②十一届三中全会公报明确提出了"公社各级经济组织必须认真执行按劳分配的社会主义原则，按照劳动的数量和质量计算报酬，克服平均主义"。这是改革初期党和国家重要文件中首次出现有关收入分配的论述。"克服平均主义"口号的提出表明党和国家重新强调按劳分配原则，反对平均主义，为后来分配理论的不断探索与发展奠定了良好的基础。党的十二大进一步提出了"走自己的道路，建设有中国特色的社会主义"后，经济体制改革迅速地在各个领域展开，以农村为突破口拉开了分配制度改革的序幕。1983年中央

---

① 杨波. 试论我国的收入分配问题[J]. 经济研究，1957（06）.
② 李建平，黄茂兴. 改革开放30年我国分配改革的回眸与展望[J]. 福建师范大学学报，2008（06）.

1号文件指出：要对人民公社体制进行改革，一是实行生产责任制，特别是联产承包制；二是实行政社分开。农村家庭联产承包责任制打破了长期以来实行的平均主义的农业分配格局，"缴够国家的、留够集体的，剩下都是自己的"分配方式，明确划分了国家、集体、个人的权利、责任和利益关系，最有效地将农民的收入同其劳动成果挂钩，极大地激发了农民的劳动积极性，农业社会生产力取得了突破性的进展。农村分配改革的成功对中国分配体制的改革产生了极为深远的影响。

② 对非劳动收入的肯定（1984年10月至1991年12月）。

从1984年10月党的十二届三中全会召开到1991年12月邓小平南方谈话前夕，是我国居民财产性收入思想的萌芽阶段。1984年10月召开的党的十二届三中全会通过的《中共中央关于经济体制改革的决定》（以下简称《决定》）提出了社会主义经济是"公有制基础上的有计划的商品经济"，在理论上突破了把计划经济同商品经济对立起来的传统观点，第一次提出了要让一部分地区和一部分人通过诚实劳动和合法经营先富起来，进而带动更多的人走向共同富裕，对分配制度的改革产生了重大的影响。党的十三大则第一次论述了我国正处在社会主义初级阶段，十三大报告首次把"其他分配方式"写进社会主义初级阶段的分配制度，明确指出："社会主义初级阶段的分配方式不可能是单一的。我们必须坚持的原则是，以按劳分配为主体，其他分配方式为补充。"报告还肯定了非劳动收入的合理性，指出："除了按劳分配这种主要方式和个体劳动所得以外，企业发行债券筹集资金，就会出现凭债权取得利息；随着股份经济的产生，就会出现股份分红；企业经营者的收入中，包含部分风险补偿；私营企业雇用一定数量劳动力，会给企业主带来部分非劳动收入。以上这些收入，只要是合法的，就应当允许。"这就提出了收入分配方式的非劳动性和多样性，特别是首次肯定了债券利息、股票红利等既是合法非劳动收入实际上又是各种形式的财产性收入（虽然没有使用财产性收入一词），这是改革开放以来我党第一次关于非劳动收入所得做出的表态，为日后按生产要素分配理论以及居民财产性收入理论的正式提出埋下了伏笔。至此，我国的分配改革开始有了自己的理论基础，虽然这还仅仅是初步的。①

③ 允许生产要素参与收益分配（1992年春至1997年9月）。

从1992年初邓小平南方谈话到1997年9月党的十五大召开前是我国居民财产性收入思想的起步阶段。1992年邓小平在南方谈话中指出："社会主义的本质，是解放生产力，发展生产力，消灭剥削，消除两极分化，最终达到共同富裕。"这一论断明确了分配体制改革的客观判断依据和最终实现目标。1992年10月党的十四大进一步明确提出我国经济体制的目标是建立社会主义市场经济体制。经济体制改革目标模式的确立使分配制度改革走上了一条既遵循宏观经济规律，又适合我国国情的道路。十四大报告指出："贫穷不是社会主义，同步富裕又是不可能的，必须允许和鼓励一部分地区一部分人先富起来，以带动越来越多的地区和人们逐步达到共同富裕。"并进一步提出，在分配上要注重运用包括市场在内的各种调节手段，既鼓励先富，促进效率，合理拉开收入差距，又防止两极分化，逐步实现共同富裕。党的十四届三中全会通过的《中共中央关于建立社会主义市场经济体制若干问题的决定》（以下简称《决定》）中指出"个人收入分配要坚持以按劳分配为主体、多种分配方式并存的制度"，提出"国家依法保护法人和居民的一切合法收入和财产，鼓励城乡居民储蓄和投资，允许属于个人的资本等生产要素参与收益分配"。《决定》突破了十三大提出的"其他分配方式为补充"的"主体补充论"，发展为"多种分配方式并存"的"主体并存论"，将其他分配方式从补充的附属地位提升为平等地位，大大提高了其他分配方式的地位。《决定》首次谈及依法保护居民合法财产，对居民的一切合法收入由以往的"应当

---

① 李建平，黄茂兴. 改革开放30年我国分配改革的回眸与展望[J]. 福建师范大学学报，2008（06）.

允许"发展为"依法保护",鼓励居民通过如储蓄、投资等多种途径获得非劳动收入,并首次明确提出允许资本等生产要素参与收益分配,既承认了非劳动收入的合法性,又认为这些非劳动收入的其他分配形式应和按劳分配的主形式并存。至此,财产性收入合法化,这是我国传统收入分配理论的重大突破,在我国财产性收入思想的发展史上具有里程碑的意义。

④ 确立生产要素按贡献参与分配(1997年10月至2004年8月)。

从1997年9月党的十五大召开到2004年9月党的十六届四中全会召开前是我国居民财产性收入思想的发展阶段。1997年党的十五大报告指出:"允许和鼓励资本、技术等生产要素参与收益分配。"这在十四届三中全会基础上大大增进了对生产要素参与分配的认识,参与收益分配的生产要素不仅是资本,而且包括技术等;对生产要素参与分配,不但要"允许",还要"鼓励"。如果说在生产要素分配问题上实现突破的是党的十五大,党的十六大则使这一制度得以确立。十六大报告指出我国改革取得了历史性进展,基本实现了计划经济向社会主义市场经济的转变,社会主义市场经济体制初步建立。随着各种体制市场化改革的进一步深化,收入分配体制的改革需要分配理论方面的发展和创新。报告提出"确立劳动、资本、技术和管理等生产要素按贡献参与分配的原则",具有重大意义:一是明确了劳动、资本、技术和管理是基本的生产要素,同时也没有否认知识、资源、信息等生产要素在财富创造中的积极作用。二是澄清了按什么分配,即分配标准的问题。各生产要素按其贡献份额的多少来获取相应的收入,并首次明确了生产要素参与分配的尺度。三是为保护私有财产进而财产性收入提供重要的理论依据。只有解决了生产要素的收益权问题,才能真正激发各种生产要素的活力,动员各种要素参与到中国特色社会主义建设中,并以此获得各种合法的劳动、非劳动收入。党的十六大报告明确提出"保护一切合法的劳动收入和合法的非劳动收入",把十四届三中全会《决议》和十五大报告中提出的"依法保护合法收入"具体化和明确化了。现阶段,我国劳动收入的范围不断扩大，非劳动收入的形式日益增多，个人财产迅速增加。财产关系的这些变化，是实行以按劳分配为主体、多种分配方式并存以及按劳分配与按要素分配相结合的分配制度的结果，实际上反映了经济制度的巨大变革和经济的迅速发展。在这种新形势下，提出保护一切合法的劳动收入和合法的非劳动收入，对于坚持和完善基本经济制度，维护改革开放的成果，推动社会主义市场经济进一步发展，具有重要意义。①

⑤鼓励居民增加财产性收入（2004年9月至今）。

从2004年9月党的十六届四中全会召开至今是我国居民财产性收入思想正式提出阶段。随着我国经济的快速发展，贫富差距问题开始凸显，如何缩小贫富差距、促进社会公平越来越引起各方关注。党的十六届四中全会通过的《中共中央关于加强党的执政能力建设的决定》指出，要"注重社会公平，合理调整国民收入分配格局，切实采取有力措施解决地区之间和部分社会成员收入差距过大的问题，逐步实现全体人民共同富裕。"2005年10月党的十六届五中全会通过的《中共中央关于制定国民经济和社会发展第十一个五年规划的建议》中首次提出"注重社会公平，特别要关注就业机会和分配过程的公平，加大调节收入分配的力度，强化对分配结果的监管。"这些思想的提出丰富和发展了新时期公平的内涵，被理论界认为是我国分配制度的一个重大转折，亦即从"先富论"到"共富论"的历史性转变。②为防范收入差距扩大，党的十六届五中全会提出要"着力提高低收入者收入水平，逐步扩大中等收入者比重，有效调节过高收入，规范个人收入分配秩序"。党的十七大报告进而指出："要坚持和完善按劳分配为主体、多种分配方式并存的分配制度，健全劳动、资本、技术、管理等生产要素按贡献参与配的制度"，把十六大报告中"劳动、资本、技术、管理等生产要素按贡献参与分配"由确立原则上升为健全制度，这标志着我党收入分配理论的升华和趋成熟，我国分

---

① 吴宣恭. 兼顾劳动收入和非劳动收入[N]. 人民日报，2003-3-14.
② 李炳炎. 共同富裕经济学[M]. 北京：经济科学出版社，2006.

配领域的深层次改革正在加快推进。① 十七大报告提出"合理的收入分配制度是社会公平的重要体现",对收入分配格局的调整提出了更为具体的措施,首次提出了创造条件让更多群众拥有财产性收入。十七大报告指出要"逐步提高居民收入在国民收入分配中的比重,提高劳动报酬在初次分配中的比重。"为此,要"着力提高低收入者收入,逐步提高扶贫标准和最低工资标准,建立企业职工工资正常增长机制和支付保障机制。创造条件让更多群众拥有财产性收入。"同时要"保护合法收入,调节过高收入,取缔非法收入",通过"扩大转移支付,强化税收调节,打破经营垄断,创造机会公平,整顿分配秩序",来逐步扭转收入分配差距扩大趋势。从党的十三大报告对非劳动收入所得的肯定,到十七大报告正式出现"居民财产性收入"的概念,历经了 20 年。"创造条件让更多群众拥有财产性收入"是我国现阶段多种所有制结构所决定的收入分配制度改革的必然结果,也是健全"生产要素按贡献参与分配"制度的必然要求。我国收入分配制度改和分配理论的发展,是始终代表最广大人民的根本利益的中国共产党在新的社会主义实践中探求让普通劳动者参与剩余价值分配和收入公平分配的途径、让劳动者成为有产者、让中国社会财富创造者能够分享到更多改革发展成果的重大举措。这既是对马克思财产性收入理论的继承,又是对其在新条件下的发展和创新,也是新时期我国收入分配理论的重大创新和突破。

4.2.2 现实因素

4.2.2.1 财产因素

(1) 居民财产占有和分布不均衡。

一般而言,拥有财产越多,投入越多,财产性收入也就越多,所以

---

① 杨晖. 我国收入分配制度的演进和理念创新[J]. 兰州大学学报(社会科学版),2008(05).

财产量的悬殊既是贫富差距大的表现，同时也是贫富差距的原因。赵人伟根据2002年中国社会科学院经济研究所课题组的调查发现，我国居民财产分布存在严重不均状况。2002年全国总财产分布的基尼系数已经达到0.55，高于当年收入分配基尼系数0.454。来自国家统计局城市调查队的调查数据显示，"最高收入10%的富裕家庭其财产总额占全部城市居民财产的45%，而最低收入10%的家庭相应比例仅为1.4%"。很显然，巨大的财富差距会促成马太效应，在收入差距过大和财产差距过大之间形成一种恶性循环的关系，这对居民财产性收入差距的扩大起了较为主要的作用。

（2）居民财产结构单一。

中国社会科学院2002年的调查数据表明，在我国农民的六项财产中，土地和房产占到财产构成的74%左右。与农村居民相比，城镇居民的财产构成中没有土地。

2002年城市居民财产中最大的两项是房产和金融资产，占到了90.31%。在全国居民财产的构成中，最重要的是房产、金融资产和土地三项，合起来比重占居民财产总额的89.02%，其中尤其以房产和金融资产两项最为突出，合占79.67%。从房产来看，投资型房产积累不高是财产性收入总量少、比重低的重要原因。从金融资产来看，2006年年末，我国居民各类金融资产占全部金融资产的比重为：现金和存款76.7%，证券9.3%，保险准备金9%，其他资产5.1%。与一些发达国家相比起来，居民金融资产结构层次较低。例如同期，美国居民现金和存款占全部金融资产比重为15.7%，低于中国居民61个百分点；美国90%以上的公民拥有股票、基金等有价证券，证券和保险资产分别占全部金融资产52.1%和30.8%，两者合计占比高达82.9%。财产结构层次相对较低大大影响了居民财产性收入的渠道多元化和绝对量的提升。

4.2.2.2 市场因素

（1）市场分割影响财产交易。

市场分割有自然的和人为的两种。由于交通运输条件、风俗习惯等造成的资源、要素等之间的流通障碍称为自然的市场分割；而由于人为的原因造成的要素、资源不能按照价格机制运行的障碍，则称为人为的市场分割。这两种分割使交易成本提高，都会对财产性收入分配造成一定影响。农村大部分地方由于交通运输条件等的影响，财产很难交易出去，也就享受不到财产带来的收益或者只能得到很低的收益。人为的市场分割对财产性收入的影响主要体现为资本市场分割和土地市场分割对财产性收入的影响。从前者来看，资本不能完全按照价格机制在整个资本市场处于均衡的状态下获得收益。从后者来看，由于土地所有权和产权的不平等，分割了土地市场，使得土地的所有者获得的收益不同，造成农村居民从土地上获得的财产性收入比城市居民低。

（2）市场体系不健全尤其金融市场发展滞后影响居民财产性收入提高。

① 农村金融市场呈弱势状态。

农村金融市场的弱势状态无法为农民获得财产性收入提供有力的金融支持。2006年底，全国每个乡镇的银行营业网点平均不到3个，其中有3 302个乡镇连一个营业网点也没有。农村金融服务仍然主要落在农信社身上。而农信社的发展存在如产权制度不完善、出资人管理权弱化、经营管理效率低下等问题，金融服务功能明显减弱，难以满足农民日益增长的金融需求等。

② 证券市场发展滞后使居民的财产性收入波动较大。

我国的股票市场仍有一些历史遗留问题和制度性缺陷，股票市场投机现象较为严重，稳定性差，股价起伏波动频繁且幅度较大，市场风险很高。2007年的股价暴涨和其后的大跌，套牢了许多资金，居民的劳动所得不但没有换来财产性收入,反而财产被吞噬。

③ 个人投资理财市场发展滞后难以满足多样化的投资需求。

首先,缺乏综合性的金融投资市场,不利于向客户提供涵盖储蓄、投资、保障等多功能的综合金融服务。其次,投资渠道、结构和门槛欠佳。发达国家拥有的产业投资基金、房地产投资信托、土地信托等丰富的金融理财产品,在我国还处于萌芽阶段,有的还未提上日程。同时,理财投资门槛偏高,据调查,目前在银行理财产品中,投资起点均在 1 万元以上,有的甚至在 5 万元以上,导致中低收入群体参与理财受限,加剧起点不公的矛盾。再次,缺乏高素质的个人理财人员,当前相关行业服务水平较低。

4.2.2.3 制度因素

(1) 社会保障制度不完善抑制了农民的投资愿望。

我国现有的社会保障体系主要以城市居民为中心,农村社会保障制度覆盖面较小、水平较低,社会保障缺乏法制保障,互济性保障能力较弱,农村合作医疗的可持续发展也面临一定困境。社会保障制度的不完善,致使农民群体抵御风险的能力有限,从而影响到农民的投资选择。

(2) 收入分配制度不完善影响居民收入增长。

国民财富在国家、企业和居民间的分配制度不完善,造成居民收入增长缓慢,占国民收入比重偏低,制约了居民家庭财产的积累,使居民的财产性收入缺乏雄厚的基础。1997~2006 年大多数年份,我国居民收入增长慢于 GDP(国民生产总值)、国民总收入、财政收入、企业利润增长。1992 年时我国居民收入在国民收入分配中的比重不足一半,此后呈持续下降的趋势。资料显示,1985~2006 年,我国城乡居民收入在国民收入分配中的比重从 56.18% 下降到 44.72%。农民居民收入在国民收入分配中的占比下降速度更快,从 1985 年的 35.61% 下降到 2006 年的 12.54%,

降幅达 64.8%。此外，我国劳动者的工资总额占 GDP 的比例即分配率明显偏低。市场经济成熟国家的分配率大多在 50%以上，而我国则为 15%~20%。

（3）财税制度对居民财产性收入的制约。

当前财政投资体制安排具有"城市偏向"，农村获得财政支付的项目主要限于生产性的基础设施如交通、水利设施等，其公共服务设施方面的福利与城市相比较差。这样，严重地影响了农民获取财产性收入的投资途径，扩大了城乡财产性收入差距。

5 居民财产收入确认

5.1 财产收入确认标准

5.1.1 财产的定义

古希腊的色诺芬是最早站在经济学角度对财产的定义和性质进行阐述的。他在《经济论》一书中写道：财产和主体的客观对象不一样，是人们的具有物或所有物，且必须是能被人们所控制和利用的有用物。而洛克在他的经典著作《政治论·下篇》中，对财产进行了较为详细的解释，他认为财产有广义和狭义之分，狭义的财产是指人所拥有的物质财产，一般用"possessions" "estates" "fortunes" 和 "goods"来表达；而广义的财产则范围很广，不仅包括物质财产，还包括人身、生命和自由等，在英文里通常使用"property"来表达。亚里士多德则是从家政学的角度对财产进行定义，他认为财产是家庭的一部分，对于促进城邦、家庭、个体的紧密联系起到了重要作用。洛克十分重视财产，认为财产与劳动存在直接相关，财产产生于劳动之中，并且国家的建立就是为了保护财产。而卢梭却对财产给出了不一样的定义，他认为财产对人们之间的不平等起到了一定的作用，由于财产是来自继承，而国家保护财产就在一定程度上加剧了人们之间的不平等。西方经济学和法学强调财产是一种权利，认为财产能够产生收入有两个前提：一是拥有财产，二是能够通过出让财产使用权获得收入。从上述定义中可以看出,财产与财产性收入具有这样的关系:一方面,财产可以当作源头而财产性收入可以看成支流,财产是获得财产性收入的前提和基础;另一方面,它们又是存量和流量的关系。

在现代经济中,财产作为产权的客体,它与主体是相分离或者是相对分离的,并且人们能够拥有它,是对人们有用的稀缺对象。由此可见,物理学上认为的一切物质的或者是自然界和社会的一切客观存在不一定都属于财产。作为财产,这种物质必须同时具备四个条件:第一,必须是与主体意志相独立而客观存在的对象;第二,必须是人们能够拥有和利用的对象;第三,必须是有用的对象,对人们具有使用价值;第四,必须具有稀缺性。

我们可以从不同的角度对财产进行分类,即界定其外延,如按财产的存在形式可分为有形财产和无形财产,有形财产通常又称"有体物",包括物资、金钱等,无形财产又称"无体物",包括知识产权、债权等。按归属划分,可分为公有财产和私有财产;按其存在状态又可以分为积极财产和消极财产,积极财产是指金钱、物资等各种财产权利,消极财产则是指债务等财产义务;从财产的社会形态的角度,可分为实物财产、价值财产或货币财产;按照再生产的地位和用途,可以分为生产要素和劳动产品。随着经济、科技的发展,人们创造的财产总量越来越大,财产的种类越来越多,其存在的形态也趋于多样化,同时随着人们观念的不断变化,人们对财产认识也在不断地深化,界定的财产范围也在不断地扩宽。

5.1.2 财产收入确认标准

财产确认的核心问题是根据什么标准,例如什么时间、多少金额对居民财产加以确认,概括起来,确认的标准有以下几个方面。

（1）可定义性。

一般地讲，凡是居民家庭经济活动过程中能够用货币计量的经济信息都属于核算确认的范围。但这只是一个抽象的概念。可定义性是指在实际核算工作中，能够以货币计量的经济信息则可以具体化为居民家庭核算要素，即划分为居民家庭资产、负债、净资产、收入以及费用，并根据这些要素的定义和特征来加以确认。这也就是说我们首先要确认所发生的经济业务是否具有核算属性、能否进入核算系统，然后才能对那些具有核算属性、进入核算系统的经济业务根据其要素属性的定义具体确认为某一核算要素。

（2）可计量性。

可计量性作为核算确认的核心问题，它是指经济信息在可定义性的基础上，必须能够对其以货币进行计量，从而使确认后的经济信息在质上具有统一性，并且能够进行加工和比较。

（3）经济信息的可靠性。

经济信息的可靠性是指所核算的经济信息必须是真实可靠的，必须能够真实完整地反映所进行的交易或者事项，并且这些交易或事项必须根据它们的实质和不带任何偏向的经济现实，而不仅仅根据它们的法律形式进行核算和反映。为此，在核算确认时，要根据原始单据所记载的真实经济数据核算。

（4）经济信息的相关性。

经济信息的相关性是指提供的经济信息必须是能够对信息使用者有用的，能够与其经济决策有关的信息。由于家庭经济信息使用者的需要不同，不同经济信息的价值也不尽相同，因此，要根据信息使用者的具体需要，提高信息的有用性。

5.2 居民财产的确认

5.2.1 确认条件

居民财产是居民在社会活动中取得的,其取得过程必然通过了一定的途径、付出了一定的成本,居民通过合法途径取得这些财产后就拥有对这些财产的控制和处置权,这些财产预期将会给居民带来一定的经济利益的流入。因此,对居民各项财产的确认应遵循以下几个条件:

① 居民财产的获得一定是通过明确而合法的途径,或为获得该财产而付出的成本是可以计量的。居民除了通过合法的继承、捐赠和分配等途径获得的财产没有成本,或其成本极低不予计量外,其他途径获得财产(如交易、自筹)均会付出一定的成本,所以居民财产的获得必须明确而合法,以及其获得成本要能可靠计量。居民通过继承而获得的房屋,虽然其成本无法计量,但其取得途径是明确而合法的;再如居民通过交易而获得房屋,其获得途径不仅合法明确,而且其获得成本能够可靠计量。

② 该财产相关的经济利益预期很可能流入居民个人。财产只有预期能为居民带来经济利益,居民对财产的占有才有意义,居民愿意为获得财产而付出成本是因为财产能够给人们带来预期收益。如果该财产相关的经济利益预期不能或以较低的可能性流向居民个人,则该财产不予确认为居民财产。如居民拥有的土地,居民对土地拥有使用权,可以通过耕作、转让以及付出部分成本构建房屋出售或出租,都能预期为居民带来经济利益。

③ 该财产的价值能够可靠计量。居民的财产只有在能够可靠计量,或能估值计量的前提下,居民才能用该财产进行交易等活动来获取经济利益。居民通过交易、自筹等途径而获取的财产因为付出一定的成本而能可靠计量;居民通过继承、捐赠、分配等途径获得的财产,其成本虽

然不能可靠计量，但能够根据当地存在的活跃市场的同类财产的公允价值进行计量。如居民通过交易等途径获得的机器设备可按其历史成本进行计量，而通过继承等活动获得的财产虽然不能按历史成本计量，但可按其当地活跃的市场的同类财产的公允价值进行计量。

④ 与该财产相关的主要风险与报酬已经完全转移到居民，由居民自行承担该财产可能带来风险和享受该财产带来的利益。如居民在通过交易等途径获得房屋，自行承担房地产市场不景气带来的房屋跌价风险和享受房屋价格升值带来的溢价收入。

⑤ 居民对该财产具有所有权，以及能对该财产实施有效的控制和处置。居民只有对财产具有完整的所有权以及能实施有效控制时，居民才能对该财产进行处置以谋求经济利益。

5.2.2 居民财产的分类及确认

孟子曾经说过："民之为道也，有恒产者有恒心，无恒产者无恒心。"古语也曾有言："仓廪实而知礼节，衣食足而知荣辱。"居民财产从古至今都备受重视，它对社会稳定和构建和谐社会具有重要意义。当下居民财产分布的不平衡制约着我国国民经济的发展和社会主义和谐社会的构建，因此需要科学地认识居民财产。

居民财产在社会活动中形成，包括继承、交易、捐赠、分配、自筹等活动，其中又以交易获得财产为主。通过这些活动获得的财产在占有和处置过程之中为居民带来可预见的经济利益。[1]如继承遗留的房产、土地、现金、储蓄存款、贵重物品等；在交易过程中提供劳务形成持有现金、储蓄存款以及其他交易形成的持有现金、储蓄存款、有价证券、耐用消费品等；无偿受赠获得现金、耐用消费品等；国家财政的二次分配，包括转移支付社会救助等、土地改革的土地分配、移民安置的土地分配

---

① 迟旭升，陈国辉. 基础会计[M]. 大连：东北财经大学出版社，2009.

等；居民以一定成本自行筹集和建造的财产以及自己创造发明的专利等无形资产。居民财产按内容划分包括资产、负债、净资产。

5.2.2.1 资产

资产是居民过去的交易或者事项形成的、能够为居民拥有或控制，为居民带来预期经济利益的资源。按其存在形态分为金融资产、实物资产和无形资产。其中金融资产包括持有现金、储蓄存款、股票、基金等。实物资产包括房屋、土地、车辆、生产性固定资产、耐用消费品、生物财产、贵重物品及收藏品、其他消费品等；而无形财产包括发明创造的专利等无形资产。

居民财产按其一年期内的流动性分为流动性财产和非流动性财产，流动性资产包括持有现金、储蓄存款、股票、基金等，非流动性财产包括房屋、土地、耐用消费品、生产性固定资产、生物财产和发明专利、贵重物品等。

（1）金融资产。

金融资产有广义和狭义之分，狭义的金融资产不包括居民手中的现金，广义的金融资产包括居民手中的现金。这里的金融资产是指广义的金融资产。

① 持有现金。

所谓持有现金，主要是指居民通过提供劳务而获得的报酬，以及通过继承、交易、捐赠、政府转移支付等形式获得的货币财产。居民持有的流通中货币，包括本币（人民币）和外币。持有现金的确认按照居民手中的货币确认。

② 储蓄存款。

储蓄存款是指居民将其工资以及其他途径合法所得存放于银行以获取利息或以备不时之需的货币财产，其确定是按照居民存在银行或其他金融机构的货币来确认。

A. 储蓄的概念。

在现代经济活动中，储蓄包括广义和狭义两种概念。广义的储蓄概念是指在一定时期，一个国家或地区的国民收入中没有被消费的部分，相当于国民收入积累额，经济学中通常使用该概念。从储蓄的主体看，广义的储蓄包括政府储蓄、企业储蓄和个人储蓄。根据储蓄内容划分，储蓄可分为居民手持现金、银行存款和购买各种有价证券等。狭义的储蓄是指居民个人在银行或其他金融机构的存款。这里的储蓄概念是指狭义的储蓄。

B. 储蓄特点。

长期以来，凭借风险较低的优势，银行储蓄一直是家庭理财的首要方式，即使是在理财方式多样化的今天，银行储蓄仍然拥有不可替代的位置，因为其具有安全、方便、灵活的特点，所以被认为是非常稳妥、简单的投资，具体来说有以下几点：第一，安全性高。根据规定，银行需要提取一定比例存款作为银行准备金，确保储户能够随时提款，剩余存款才会用于放贷或投资。自中华人民共和国成立以来，我国还没有出现过银行储户利益受损的先例，也几乎没有出现任何的违约风险，因此这可以说是目前最安全的投资方式，老百姓可以放心地把钱存储在银行中。第二，变现性好。用户在银行中的各种储蓄基本都是可以立即变现的，也就是说，用户随时都可以根据自己的需要提取金，而不必担心急用钱时，钱却拿不到手的情况发生。第三，操作简单、方便。相对于其他理财方式来说，银行储蓄的操作是非常简单的，可以在银行工作人员的指导下进行操作。而随着网络的普及，跨行跨区域操作已经实现，用户既可以选择最近的银行网点来进行业务办理，也可以采用电话银行、网络银行的方式来享受银行服务，十分方便快捷。第四，收益率低。它唯一的收益就是利息，因此对于其他理财方式来说，银行储蓄的收益率是较低的。很长时间以来，利息率都是低于通货膨胀率的，再扣除利息税，所得收益就更低。因此，选择正确的储蓄方式，得到最大的收益就显得更加重要了。

C. 我国储蓄的主要类型。

储蓄业务的划分有多种方式：根据客户存入币种的不同，可以分为本币储蓄和外币储蓄；按照储户与储蓄机构的契约不同，可分为活期储蓄和定期储蓄；根据储蓄期限的不同，可以分为短期储蓄和中长期储蓄；根据储蓄来源地的不同，可以分为城镇居民储蓄和农村居民储蓄等。我国人民币储蓄是从期限和功能角度进行分类的，主要有活期储蓄、定期储蓄、通知储蓄、教育储蓄等类型。

a. 活期储蓄。

活期储蓄存款是指不确定存期、客户可随时存取款、存取金额不限的一种储蓄方式。活期储蓄存款的特点是：随时可存，随时可取，金额不受限制，灵活方便，适应性强。人民币活期储蓄存款1元起存，多存不限，由银行发给存折或卡，开户后可凭存折或卡随时存取，客户预留银行印鉴或密码的，凭印鉴或密码支取。自2005年9月21日起，个人活期储蓄存款开始按季结息，利息根据结息日挂牌活期利率计算，将每季末月的20号作为结息日。清户在结息日之前的，按照清户日挂牌公告的活期利率计算利息，直至清户前一日止。活期储蓄的资金主要来源于个人手头中的零星备用款、生活待用款以及投资证券的闲置款，还有个体工商户的日常开支款项和其他暂时闲置款等。

b. 定期储蓄。

定期储蓄是指在存期确定的情况下，客户必须在约定时间内一次或者分期存入本金，整笔或分期平均支取本息的一种储蓄。根据存取方式不同，可以将定期储蓄分为整存整取定期储蓄、整存零取定期储蓄、零存整取定期储蓄、存本取息定期储蓄等。由于定期储蓄的资金来源是人们手头上积存的，在一定时期内不用的闲置款，因此，它具有金额较大、存期较长、利率和利息较高、存款较稳定的特点。

（a）整存整取定期存款。整存整取定期存款是指存期确定，并且客户在约定时期一次性将整笔本金存入，到期时再一次性整笔支取本金和利息的一种定期储蓄。它的起点金额是50元，存期包括三个月、半年、一年、两年、三年、五年六个档次。客户将本金一次存入后，银行给予客户存单，客户凭借存单支取本金和利息，并且客户可以在开户或者是到期前向银行申请办理自动转存和约定转存业务。人民币整存整取定期存款业务采用逐笔计息法计算利息，利随本清，即使碰到利率调整的情况，也不分段计息。如果客户提前全部或部分支取本金，则支取部分按支取日挂牌公告的活期储蓄存款利率结算利息，未支取部分依旧按原存单利计息。逾期支取的，除约定自动转存外，利息则按支取日挂牌公告的活期储蓄存款利率结算。

（b）零存整取定期存款。零存整取定期存款是指存期确定，客户每月定额存入本金，到期时在一次性收取本金的定期储蓄。零存整取存款人民币5元起存，多存不限。零存整取定期存款的存期分为一年、三年、五年。存款金额由客户自定，每月存入一次。人民币零存整取定期存款采用积数计息法计算利息，按存入日挂牌公告的相应期限档次零存整取定期储蓄存款利率计息，利随本清。如果遇到利率调整，不分段计息。中途如有漏存，可在次月补存，未补存或漏存次数超过一次者，视同违约，对违约后存入的部分，支取时按活期存款利率计付利息。

（c）存本取息定期存款。存本取息定期存款是一种一次存入本金，分数次支取利息的定期储蓄。储户开户时可一次性存入本金，并选择确定存款期限以及支取利息的时间和次数。这种储蓄起存金额为5000元，存期可分为一年、三年、五年三个档次；利息可以由储户确定一个月取一次或者几个月取一次。

（d）整存零取定期存款。整存零取定期存款是一种一次将一笔较大的整数款项存入储蓄所，分期按本金平均支取，利息到期时一次结清的定期储蓄。人民币整存零取定期存款1000元起存，存期分为一年、三年、五年，可按月、季、半年分次等额支取本金，到期结清利息。利率按存入日挂牌公告的相应期限档次整存零取储蓄存款利率计息，利随本清。如果遇到利率调整，不分段计息。

（e）定活两便储蓄存款。定活两便是一种事先不约定存期，一次性存入，随时性支取的储蓄存款。例如资金有较大额度的结余，但在不久的将来需随时全额支取使用时，就可以选择定活两便的储蓄存款形式。定活两便储蓄存款是银行最基本、常用的存款方式。客户可随时存取款，自由、灵活调动资金，是客户进行各项理财活动的基础。该种储蓄具有活期储蓄存款可随时支取的灵活性，又能享受到接近定期存款利率的优惠。它既有活期之便，又有定期之利，利息按实际存期长短计算，存期越长利率越高；起存金额低，人民币50元即可起存。它的计息规定为：存期超过整存整取最低档次且在一年以内的，分别按同档次整存整取利率打六折计息；存期超过一年（含一年）的，一律按一年期整存整取利率打六折计息；存期低于整存整取最低档次的，按活期利率计息。

c. 通知存款。

通知存款是一种事先不约定存款期限，一次性存入、可多次支取，支取时需要提前通知银行，约定好支取日期和金额才能支取的一种存款业务。通知存款介于活期储蓄与定期储蓄之间，具有存取灵活、利息优厚的特点，它使客户能更灵活地存取资金，并获得较高的利息收入。不论通知存款的实际存期有多长，按照储户提前通知的期限长短可以分为一天通知存款和七天通知存款两类。前者必须提前一天约定支取存款，而后者必须提前七天约定支取存款。

d. 教育储蓄。

教育储蓄是指个人按照国家有关规定在指定银行开户、存入规定数额资金、用于教育目的的专项储蓄。它是一种特殊的零存整取定期储蓄存款，不仅可以享受优惠利率，还可以凭有关证明享受免税待遇。教育储蓄是国家为促进教育事业发展而开办的一种城乡居民为其本人或子女接受非义务教育积蓄资金的一种零存整取储蓄存款。教育储蓄的适合对象是在校小学四年级（含四年级）以上的学生。教育储蓄每月最低起存金额为人民币 50 元，本金合计最高限额为 2 万元人民币。存款到期时存款人凭存折、身份证和户口簿（户籍证明）和学校提供的正在接受非义务教育的学生身份证明，一次支取本金和利息。如果在存期内遇到利率调整，应该按照开户日挂牌公告的相应储蓄存款利率计算利息，不分段计息。在 2 万元本金的限额内，可免征利息税。

e. 其他类别。

（a）保值定期储蓄。保值储蓄是指当物价上涨到一定程度时，开户行对存款人的存款在规定的期限内给予一定保值补贴的储蓄方式。这种储蓄可使储户的存款在到期时的实际利息收入等于或高于同期物价上涨水平，从而确保了储户不会因为物价上涨而造成金钱的损失。

为了保障储户的购买力，我国曾开办过这种储蓄。后来，随着币值和物价的稳定，1952 年 6 月中国人民银行决定取消保值定期储蓄业务。1988 年 9 月，为了配合物价改革、消除群众的心理障碍、稳定储源，决定开办人民币长期保值储蓄存款业务，规定凡城乡居民个人在各银行和城市、农村信用社、邮政储蓄部门以及其他允许办理人民币储蓄的金融机构存储三年以上（包括三年）的整存整取、存本取息定期储蓄存款，一律都按保值储蓄贴补率给予补贴。对于企业、事业、学校等单位的长期定期存款以及保险基金和各种基金会存入的储蓄存款，不实行保值办法。这种储蓄的期限有三年、五年和八年三种。保值储蓄补贴率是物价指数高于储蓄利息的部分，其计算公式是：保值储蓄补贴率=物价上涨指数-储蓄利息率。当物价指数比储蓄利率低的时候，保值储蓄补贴率就是零。在储蓄期届满时，银行除了需要按规定的利率支付利息外，还要把存款期间物价上涨幅度和利率的差数补贴给存款者，以保证存款者的所得利益不低于物价上升的幅度。

（b）大额可转让定期存单储蓄。大额可转让定期存单储蓄是一种固定面额、固定期限、可以转让的大额存款定期储蓄，发行对象既可以是个人，也可以是企事业单位。大额可转让定期存单储蓄无论是单位或是个人购买均使用相同式样的存单，分为记名和不记名两种。这两类存单的面额均有100元、500元、1000元、5000元、10000元、50000元、100000元、500000元八种版面，个人购买这种存单的起点金额为500元，单位为50000元。大额可转让定期存单的期限分为三个月、六个月、九个月、一年四种期限。大额可转让定期存单是银行发行的具有固定期限和一定利率，并且可以转让的具有自由流通能力的金融工具，这种金融工具的发行和流通所形成的市场称为可转让定期存单市场。

（c）活期支票储蓄。支票是以银行为付款人的即期汇票，支票出票人签发的支票金额，不得超出其在付款人处的存款金额。它储蓄是活期储蓄的一种形式，是以个人信用为保证的活期储蓄。目前，国内只有少数大城市办理活期支票储蓄业务。活期支票储蓄在开户时的起存金额为500元，多存不限，续存续取不受金额限制。储户开出支票的有效期一般为3~5天（签发日除外，如果到期日是休假日则顺延）。如果储户需要购买商品或支付劳务费、公用事业费、医药费等，可通过支票办理结算。

③ 债券。

债券包括国债和非国债两类。债券是指工商企业、金融机构以及政府为筹措资金，依照法定程序向社会投资者发行的并承诺在一定时期内按照约定利率支付利息并偿还本金的一种债权债务凭证，它是一种有价证券。债券的利息通常是事先确定的，因此债券又被称为固定利息证券。债券具有四个基本要素：第一，票面面值。债券的票面面值是债券的面值，是债券发行人到期后应偿还给债券持有人的本金，同时它也是债券发行人计算利息额依据。债券发行包括溢价发行（面值小于发行价格）、平价发行（面值等于发行价格）以及折价发行（面值大于发行价格）。第二，票面利率。债券的票面利率也是债券发行人支付债券持有人利息计算的依据，是债券利息与债券面值的比值，银行利率的变动、偿还期限，发行者的信用状况以及市场上资金供求关系变化都会影响票面利率。第三，付息期。债券的付息期是指债券发行人发行债券后的支付利息的时间。它通常包括三个月、半年、一年支付一次以及到期一次支付这四种。投资者的实际收益通常会受到通货膨胀以及货币时间价值等因素的影响。第四，偿还期限。债券偿还期限是指债券自发行之日起至到期日这中间的时间间隔。债券确认按居民购买的国债和非国债确认。

④ 股票。

股票是一种有价证券，是股份公司在筹集资本时向出资人公开或私下发行的、用以证明出资人的股本身份以及享有权益和承担义务的凭证。它代表其持有人对股份公司的所有权，同一类型股票每一股所代表的公司所有权都是相等的。

股票具有下列特点：要式性，即股票票面上必须按照一定的格式记载一些表明其性质和特征的事项；权益和责任的统一性，即股票代表的股东在公司中所拥有的权益和责任相统一；流通性，即股票可以进入证券市场进行交易、流通和转让；永久性，即股票一经发行，只要发行股票的公司不倒闭，便可无限期地延续下去；风险性，即投资股票存在因投资亏损和企业经营不善而导致亏本或倒闭的风险。股票按所代表的不同权益和风险划分为普通股、优先股。按股票上市地点不同划分为A股、B股、H股、N股、S股。按投资主体不同分为国家股、法人股、社会公众股。股票的确认按居民购买的股票确认。

⑤ 基金。

基金是指投资者通过购买基金公司发行的基金份额，由专业基金管理人员将投资者分散的资金集中起来统一进行管理，投资于股票、债券等金融资产，按照投资人基金持有份额将投资收益分配给持有人，从而实现利益共享、风险共担的金融产品。它具有专家理财、集合投资、分散风险、利益共享、风险共担的特点。按照基金的基本运作方式不同，可分为封闭式基金和开放式基金；按照基金法律地位的不同，可分为公司型基金和契约型基金；根据不同投资对象，基金可分为股票基金、债券基金、混合基金、货币基金；按照投资目标不同，基金可分为成长型基金、收入（收益）型基金和平衡型基金；按照投资理念不同，基金可分为主动型基金和被动型基金；按照募集方式不同，基金可分为公募基金和私募基金。居民基金的确认按照居民购买的基金确认。

⑥ 银行理财产品。

我国银行理财产品市场发展较晚，大致可以分为三个发展阶段。第一阶段是2005年以前，属于萌芽阶段，这一阶段具有产品数量较少，产品类型单一以及投资规模较小的特点。第二阶段是2005年~2008年，属于发展阶段，在这一阶段，产品数量骤增，产品类型丰富以及资金规模不断扩大。第三阶段是2008年至今，是规范阶段，这一阶段发行主体的产品研发能力不断增强，同时监管力度也在不断增大，银行理财产品市场也在逐步走向成熟。银行理财产品按收益或者本金是否可以保全可分为两类：保本产品和非保本产品。银行理财产品按交易类型可分为两类：开放式产品和封闭式产品。居民银行理财产品的确认按照居民购买的银行理财产品确认。

⑦ 家庭保险。

保险具有广义和狭义之分。广义上的保险主要是指社会保障部门提供的社会保险以及由专业保险公司提供的商业保险，社会保险具体包括社会养老保险、社会医疗保险、社会失业保险、工伤保险以及生育保险。商业保险主要是按市场规则提供的，它的签订购买取决于人们的自主意愿。而狭义的保险主要是指家庭商业保险，它是以保险人和投保人签订的保险合同为依据，投保人缴纳保险费，保险人建立保险基金，以补偿投保人由于自然灾害或者意外事故所造成的经济损失，是一种经济补偿制度。商业保险具有四层含义：首先，商业保险是一种商业行为，主要目的是盈利；其次，商业保险以合同为依据；再者，合同双方都享有一定的权利，同时需要承担一定的义务；最后，只有在投保人出现合同约定中的保险事故时，保险人才会给予一定的经济补偿或保险金。家庭保险的确认按照家庭购买的保险确认。

⑧ 外汇。

外汇是以外国货币计量的，可作为国际债权债务结算的一种支付手段。它通常包括外国货币、外国存款、外国汇票、外国本票、存单等。而外汇市场是各种货币作为交易对象，通过银行等金融机构、大型跨国公司以及自营交易商参与的，由电信系统或中介机构联结起来的交易市场。外汇市场通常包括有形市场和无形市场、区域性外汇市场和国际性外汇市场、自由外汇市场和官方外汇市场、批发外汇市场和零售外汇市场、即期外汇市场和远期外汇市场。在我国，目前与个人理财有关的外汇产品主要包括交易类产品与非交易类产品。其中，交易类产品是指个人通过开立外汇账户，通过外汇账户买卖外汇产品以赚取外汇差价收入的一种理财产品，通常是以外汇实盘交易为主。该类理财产品要求客户要具备一定的与外汇市场有关的知识和交易技巧，对客户自身的要求较高。另外一种非交易类理财产品，它一般是由商业银行等金融机构发行的外币理财产品，这些理财产品具有确定的投资期限，收益可分为到期后还本付息或者定期支付一定的投资收益两种。它与本币产品的不同之处在于除了具有标的投资风险外，还具有一定的汇率换算风险。居民外汇的确认按照居民购买的外汇确认。

⑨ 期货。

随着经济的发展，越来越多的家庭通过期货投资来进行理财。期货交易是在期货交易所进行的，以标准化的期货合约为依据的一种有组织的交易形式，它是现货交易的延伸。买卖双方进行期货交易、签订期货合约的目的主要是为了避免现货价格波动分享，赚取价格波动的差额收益。它不需要以实际物品来进行交换的，因此很少有人会愿意在到期前以实物进行交割，通常是在到期前以对冲方式结算。对冲是指买进期货合约的人在合约到期前卖掉期货合约，而卖出期货合约的买会在合约到期前买进期货合约进行平仓。居民期货的确认是按照居民买卖的期货确认。

（2）实物资产。

① 房屋：居民通过交易、继承、分配、自筹等途径获得的房产。

② 土地：土地是指居民通过交易、继承、分配等活动而获得的土地使用权。

③ 车辆：居民通过交易、继承等途径获得的汽车。

④ 生产性固定资产：居民拥有的生产用机械设备、加工设备、农具等。

⑤ 耐用消费品：居民通过交易、继承等途径获得的、使用年限较长的消费用的家用电器、家具、农具等。

⑥ 生物财产：居民通过交易、继承和分配等活动而获得的，由其控制且预期能为居民本人带来经济利益的生物资源，如饲养的牲畜等。

⑦ 贵重物品及收藏品：居民通过交易、继承等活动中形成的，拥有占有和处置权力的珍贵物品，如金银珠宝、字画、邮票、古籍、古董以及其他收藏品。

⑧ 其他消费品：居民生活需要的，除耐用消费品外的一般家庭消费品。包括衣物、粮食、食品、餐具等。

（3）无形资产

无形资产是指居民通过交易、继承、自筹等活动而拥有的没有实物形态的、可辨认的非货币资产，如专利权、非专利技术、版权等。

① 专利权：居民发明的专利。

② 非专利技术：居民发明的非专利技术。

③ 版权：居民的著作等版权。

④ 其他无形资产：居民除专利权、非专利技术、版权以外的其他无形资产。

5.2.2.2 负债

负债是由居民过去的交易或事项形成的、会引发居民预期经济利益流出的居民现时义务或现有债务。包括短期债务和长期债务。

（1）短期债务。

短期债务是指一年以内需要偿还的债务，包括以下内容。

① 未付电费：居民应付未付的家用电费。

② 未付水费：居民应付未付的家用水费。

③ 未付房租：居民应付未付的住房租金。

④ 其他未付款：居民应付未付的家用其他费用。

（2）长期债务。

长期债务是指一年以上需要偿还的债务，包括以下内容。

① 未付房贷：居民按揭购买房屋而应付未付的房款。

② 未付车贷：居民按揭购买车辆而应付未付的车款。

③ 其他长期未付款：居民按揭购买除房屋、车辆以外如居民购买农具而应付未付的款项。

5.2.2.3 净资产

净资产是指居民的资产减去负债后的差额。

5.3 居民财产收入确认

5.3.1 收入费用会计确认方法

（1）权责发生制。

权责发生制又称应计制或应收应付制，是指在一定期间内，会计主体所发生的交易或事项，只要是符合本期期间确认标准的收入和费用，不管款项是否已收到或者支出，都应作为本期收入确认和处理。

（2）收付实现制。

收付实现制是指一定期间内，会计主体所发生的交易或事项，只要是本期收到的收入或者只要是本期支出的费用,无论是否符合本期收入和费用确认标准,都应视作本期的收入或费用。

由于收付实现制确定本期收入和费用是以现金收付为准,所以又称为现金制或实收实付制。

采用收付实现制,按照现金收付日期确定其归属期。因此,凡属本期收到现金的收入,都作为本期收入;凡属本期支付现金的支出,都作为本期费用,不存在对账簿记录进行期末账项调整的问题。

5.3.2 居民各类财产收入确认标准

对于居民财产收入,我们可以把它定义为在日常生活中能够给居民带来财产利益的,导致居民自身财产增加的经济利益的总流入。因此一般而言,对于财产收入的确认,我们可以认为它应该要满足下列条件:

(1)相关的经济利益很有可能流入居民家庭。

相关的经济利益很有可能流入居民家庭,是指居民获得并实际拥有的财产可能获得收入。居民在确认财产收入是否能够获得时,应根据自身所拥有的财产量、财产的自身特征以及市场情况等因素综合进行判断。

(2)收入的金额能够可靠地计量。

收入的金额能够可靠地计量,是指居民能够合理估计财产收入金额。如果不能合理的估计居民的财产收入,就不应该确认为收入。特别对于风险较大的股息与红利收入,第18号国际会计准则规定:股利收入应以股东收取款项的权利为基础加以确认。[①]如果收购的投资所支付的利息在收购之前是按收付实现制入账的,那么,对于收购后所收到的利息只有分配在购置投资项目后的部分才能确认为收入。如果宣告发放的股票的股利属于购置前的净收益,那么证券成本中应扣去发放的股利。因此,如

---

① 国际会计准则第18号——收入。

果居民所投资的上市公司没有明确宣布股利政策，没有对当年的利润进行分配或者是宣布以后年度再发，居民都不应该在该年将其确认为收入。

（3）拥有的经济资源能够给居民带来经济利益。

如出租、出借资产带来收益。如果是居民自身消费，不能带来收益，就不能确认为收益。

5.3.3 居民财产收入的确认

（1）金融资产收入。

① 持有现金：持有现金主要是用于购买日常消费品、衣物、粮食等，这不能产生财产收入，要存入银行或者购买金融产品等才能产生财产收入。

② 储蓄存款：按照银行的存款利息确认财产收入。

③ 债券：按照购买的国债和非国债的债券利率计算的债券利息确认财产收入。

④ 股票：按照股份公司宣告发放的现金股利、红利和股票出售价高于购买价的差价确认财产收入。

⑤ 基金：按照取得红利、投资收益和基金出售价高于购买价的差价确认财产收入。

⑥ 银行理财产品：按照购买银行理财产品到期的利息确认财产收入。

⑦ 家庭保险：包括储蓄性保险和投资性保险收入（医疗和养老性保险收入确认在转移性收入中），按照保险公司发放的红利和投资保险收入确认财产收入。

⑧ 外汇：按照居民买卖外汇获得外汇价差收入确认财产收入。

⑨ 期货：按照居民买卖期货价格差价确认财产收入。

（2）实物资产收入。

① 房屋：由房屋租金收入和房屋转让增值收入两部分确认财产收入。如果房屋是用于居民自住，就不会产生财产收入。如果房屋作为居民自

身生产性设备，就作为经营性收入。

② 土地：由土地租金收入和土地使用权转让增值收入两部分确认财产收入。

③ 车辆：如果居民的车辆是居民自用，就不会产生财产收入。如果居民的车辆放在汽车租赁公司租赁，就按照取得的租金收入确认财产收入。

④ 生产性固定资产：如果是居民用于加工生产、经营，就作为经营性收入，如果是用于出租取得的租金收入就作为财产收入。

⑤ 耐用消费品：居民的家用电器、家具等耐用消费品如果自用，不会产生财产收入，但居民的耐用消费品出租就按照收取的租金确认财产收入。

⑥ 生物财产：生物财产一般不产生财产收入。

⑦ 贵重物品及收藏品：按照贵重物品及收藏品转让增值收入确认财产收入。

⑧ 其他消费品：其他消费品一般用于居民消费，不产生财产收入。

（3）无形资产收入。

① 发明专利收入：由发明专利转让增值收入和使用收入两部分确认财产收入。

② 非专利技术收入：由发明非专利技术转让增值收入和使用收入两部分确认财产收入。

③ 版权收入：由版权使用费和转让增值收入两部分确认财产收入。

④ 其他无形资产收入：由使用费和转让增值收入两部分确认财产收入。

6 居民财产收入计量

6.1 计量单位

6.1.1 会计计量单位

会计计量单位作为计量尺度的量度单位,包括货币计量、实物计量以及劳动计量,在会计计量过程中,基本上是以货币计量为主。

一般情况下,不同国家会选本国法定的名义货币作为计量单位进行会计计量,也有些国家允许除本国货币之外再选择其他货币作为计量单位。我国不允许使用双重货币记账。

6.1.2 居民财产、居民财产收入计量单位

居民财产、居民财产收入计量单位是指居民根据所发生的经济业务中所需计量的对象的属性对应计项目的金额利用合适的计量基础和单位对其进行处理与确认的过程。

居民财产、居民财产收入确认与居民财产、居民财产收入计量总是相互联系在一起,一般而言,某种经济信息的计量是以该信息的确认为前提,而某种信息的确认是计量的延续。计量过程包括两个方面:一方面被计量对象应以实物数量计量;另一方面被计量对象是以货币来表现。

因此，居民财产、居民财产收入计量单位可以采用实物数量计量单位和货币计量单位。

6.2 计量属性

6.2.1 会计计量属性

会计计量属性是指所用量度的经济属性，又称为计量基础，也就是说以不同的标准和不同的角度来解释经济信息，从而使信息使用者能够了解和掌握该信息中包含的会计要素所确认的金额是以什么作为确认基础的。会计计量属性主要有：历史成本、重置成本、可变现净值、现值、公允价值。

（1）历史成本。

历史成本是指居民在过去发生的经济业务中因购买某项资产或偿还某项债务当时实际支付的成本。

在历史成本计量下，资产是根据居民在获得该项资产所有权时当时实际应支出的现金或现金等价物，或者是根据购买该项资产时所付出的对价的公允价值来计量。负债则是根据因承受现时义务而真正获取的款项金额，或者因承受现时义务的合同金额，或者是根据在日常经济活动中需要预期偿付现金以及现金等价物的金额来计量。

历史成本计量的优点是它具有可靠性，方法较为简单，数据容易收集，使会计核算较为真实。缺点是在物价变动频繁的条件下它难以正确地反映会计要素的实际价值，从而误导会计信息使用者的决策。

（2）重置成本。

重置成本是指某项会计要素在现在形成时所需要支出的成本计价。

在重置成本下，资产是根据在购买相同或相似资产时现在所需要支付的现金或现金等价物的金额来计量；负债则是过去形成的该项债务现在所需支付的现金或者现金等价物的金额来计量。

重置成本能够反映某一会计要素的在现期的真实成本,但这种计价方式具有较低的可操作性。

(3)可变现净值。

可变现净值是指出售的可收回金额减去相关费用后的净值。

在可变现净值计量下,资产是根据对外销售某资产所获得的现金以及现金等价物的金额减去该资产到完工时可能会发生的成本、销售费用以及相关税费后的净额计量。可变现净值能真实体现资产的价值,但操作起来难度较大。

(4)现值。

现值是指某一会计要素在一定时期内的未来现金流量的折现值。

在现值计量下,资产是根据从开始持续使用至最终处置时这一期间所形成的未来现金流入量的折现值来计量;负债则是根据需要偿还的未来净现金流出量在预计期限内对其进行折现来计量。

现值能够体现资产所带来经济利益的金额,以及与偿还债务有关的经济利益流出的金额,但易受到主观条件的影响。

(5)公允价值。

公允价值是指了解情况的交易双方按照公平交易的原则自愿达成的交易价格。

在公允价值计量下,资产和负债是指了解情况的交易双方按照公平交易的原则自愿开展交易或者对其进行偿还债务的金额计量。

公允价值能够如实地反映资产、负债的价值,但由于公允价值对市场成熟性的要求较高,可操作性难度较大。

(6)五种计量属性下资产和负债的计量。

五种计量属性下资产和负债的具体计量方法如表6-1所示。

表 6-1 五种计量属性下资产和负债的计量

计量属性	对资产的计量	对负债的计量
历史成本	按购置时的金额	按承担现实义务时的金额
重置成本	按现在购买的金额	按现在偿还的金额
可变现净值	按现时销售的金额扣除相关费用	
现值	按预计持续使用和处置产生的未来现金流入量折现金额	按需要偿还的净现金流出量在预计期限内折现的金额
公允价值	在双方自愿前提下进行交易的金额	在交易双方自愿前提下进行债务清偿的金额

【例】光明工厂2011年1月1日购买一台设备,设备预计使用10年,截至2013年12月31日,该设备具有的计量属性如表6-2。

表 6-2 新设备计量属性

内容	金额/元	计量属性
2011年1月1日,90 000元购进,用银行存款支付	90 000	历史成本
2013年12月31日,以80 000元购进一台已使用3年的设备	80 000	重置成本
2013年12月31日,出售该设备预计会收到75 000元,同时所需要支付的各项费用合计为3 000元	72 000	可变现净值
该设备可以继续使用7年,预计每年能够带来12 000元的收益,总共84 000元,未来的收益折算到现在的价值为77 000元	77 000	现值
该设备在类似的市场上,双方自愿交易的价格78 000元	78 000	公允价值

6.2.2 居民财产、财产收入计量属性

根据2006年财政部颁发的《企业会计准则》,会计计量属性主要包括:历史成本、重置成本、可变现净值、现值和公允价值。居民财产、

财产收入计量属性也可借鉴企业计量属性。

历史成本亦称原始成本，是指原始的交易价格，是当时购置某项资产时的公允价值。历史成本是会计计量中的最重要和最基本的属性。在实务中，在历史成本计量下，资产是根据当时购买时实际所支出的现金或现金等价物的金额，或者是根据购买该项资产时所付出的对价的公允价值来计量；负债则是根据因承受现时义务而真正获取的款项的金额，或者因承受现时义务的合同金额，或者是根据在日常经济活动中需要预期偿付现金以及现金等价物的金额来计量。重置成本又称现行成本或现时投入成本，它是表示在本期重置或重建持有资产的一种计量属性。在重置成本计量下，资产是购买相同或类似资产时现在所需要支付的现金以及现金等价物；负债则是该项债务现在需要偿付的现金或现金等价。在可变现净值下，资产是根据对外销售某资产所获得的现金以及现金等价物的金额减去该资产到完工时可能会发生的相关费用后的净额计量。现值是企业持有资产通过生产经营，或者持有负债在正常的经营状态下可望实现的未来现金流量的折现额。在现值计量下，资产是根据从预计持续使用至最终处置时这一期间所形成的未来现金流入量的折现值来计量；负债则是根据需要偿还的未来净现金流出量在预计期限内对其进行折现来计量。

2006年2月15日，财政部发布了《企业会计准则第14号——收入》，这次新准则引入了公允价值计量，这使得新准则逐渐与国际会计准则趋同。在会计核算中以公允价值计量企业收入具有一定的优越性：第一，它符合会计信息所要求的相关性、稳健性、一致性以及配比原则的信息质量要求；第二，它能够在一定程度上较为科学准确地反映企业的财务状况和经营成果；第三，由于当前面临竞争激烈的经济形势，高新技术企业正在蓬勃发展，金融产品丰富多彩，同时各类风险也在不断加大，传统的会计计量已不能满足经济活动的需要，通过采用公允价值计量能够满足企业的发展要求，能够较为科学地处理各种应发情况。

而对于居民的财产收入，是否也该采用以公允价值计量呢？笔者认为则不一定，不同类型的居民财产收入可以采用不同的计量方法，因为对于居民的财产收入，如果全都以公允价值计量，这在实际生活中是不太现实的。因为在现实生活中，居民的各类财产收入分布较散，很难全部对其进行客观、准确的估量，因此很难满足会计信息的可靠性质量要求，并且在实际操作中也比较困难。

6.3 居民各类财产计量

居民财产的计量是指将居民财产各要素按货币度量进行量化，以确定其金额的过程。也就是居民财产各项要素根据一定的计量尺度和特定的计量单位，以科学的计量属性确定所要记录和核算的金额的过程。居民财产以货币为计量尺度，以人民币为计量单位。本书根据我国财政部2006年颁布的《会计准则》，沿用会计准则中对会计要素规定的计量属性，选择合理的计量属性对居民财产进行计量。

6.3.1 资产计量

6.3.1.1 金融资产计量

（1）现金的计量。

现金作为居民财产的一部分，居民不论是通过交易、自筹或继承、捐赠、分配等途径获得，都应以其收到现金当时的金额进行计量。这里的现金包括提供劳务获得的工资或其他劳务收入、继承前任遗留的货币现金遗产、受别人捐赠获得资金、国家财政再次分配即转移支付的最低社会保障和社会救助等。通过各种合法途径获得的现金均以获得该现金财产时的现金现值进行会计记录和计量，以便于对现金的核算。

（2）储蓄存款的计量。

储蓄存款是居民财产的主要成分，居民主要是通过交易、继承等途径获得存款。储蓄存款并非是一次性存入，存在定期储蓄的整存整取、零存整取、整存零取、存本取息、定活两便和通知存款，以及活期储蓄的零存零取等形式，因此对于储蓄存款应用其记录和计量当期的现值金额进行计量，即以其储蓄存款的实际金额对该财产计量。储蓄存款以货币计量单位，以其当期现值为金额予以确认记录和计量。

（3）股票、基金和债券的计量。

作为居民财产组成部分的有价证券，其主要是由居民通过交易在证券交易市场购买而持有的股票、基金和债券等，上面标有票面金额，证明证券持有者拥有按期取得一定收入并可自由转让和交易的权利。有价证券也可以通过合法的继承，以及公司单位分配和奖励给作为员工的居民的绩效股等方式来获取。有价证券中准备在一年期内变现的股票和债券，入账时，应当根据真正支付的金额登记。如果真正支付的款项包含已宣告发放的股利，这部分股利或者利息金额应作为暂付款项。如果是公司派发给居民个人的绩效股，应以当地股票交易市场的公允价值进行计量。如果居民财产的有价证券是从股票交易市场通过交易获得，应以历史成本计量属性进行计量，以获得该财产支付时的金额进行记录和计量。

（4）银行理财产品计量。

按照购买银行理财产品实际支付的金额计量。

（5）外汇计量。

按照购入外汇时兑换成人民币汇率的历史成本计量。

（6）保险计量。

按照居民购买保险实际支付的历史成本计量。

（7）期货计量。

按照居民买卖期货签订标准化的期货合约规定的价格作为历史成本计量。

6.3.1.2 实物资产计量

（1）房屋的计量。

居民一般是通过继承、交易和自筹等方式获得房屋财产，如继承前人的老房屋和新房屋以及用于投资的房屋，或居民在房地产市场通过交易获得的住房以及投资的房屋，以及居民在拥有合法土地使用权的土地上自行建造用于居住、出售或出租的房屋。房屋的来源不同，因此其计量方式也应区别开来。居民通过继承的方式获得房屋，其付出的成本极低或不能可靠计量，因此应以当地存在活跃的房地产市场的同类房屋的公允价值予以记录和计量。居民通过交易获得的房屋，交易时付出的成本能可靠计量，应以获得该财产时付出的成本进行计量。居民自行建造的房屋，建造过程中消耗的人力、物料及其他成本都能可靠计量，因此对该类财产应以建造过程中消耗的成本的总和进行记录和计量。

（2）土地的计量。

居民一般都是通过继承、分配和交易等手段获得土地。在我国，土地指的是土地使用权。土地是不允许买卖，但可以依法转让其使用权，因此本书对土地计量的讨论主要是针对土地的使用权。作为居民财产的土地，其在会计中主要表现为无形资产，虽然在交易过程中取得土地时付出的成本能可靠计量，但其实际价值会随着土地使用市场环境的变化而受影响，因此对土地应采用公允价值进行计量。在对土地进行记录和计量时，应以记录当期的土地活跃市场的同类土地的公允价值进行计量。

（3）车辆计量。

按照居民购置时实际支付的金额计量。

（4）生产性固定资产。

按照居民购置时实际支付的金额计量。

（5）耐用消费品的计量。

耐用消费品是指那些使用年限较长，并且能够重复使用的消费品。

由于耐用消费品具有使用期限较长、价格较高的特点,因此消费者在选择此类消费品时会较为谨慎。典型的耐用消费品包括各种家用电器、家具以及农具等。该类居民财产可以通过继承、交易和自筹等方式获得,其中以居民通过交易获得为主。如果居民通过交易和自筹等方式获得财产,在获得财产过程中付出一定成本,其成本都能可靠计量,因此耐用消费品以货币为计量单位,以历史成本计量,以其通过交易获得时付出的成本进行记录和计量。如果居民通过继承等方式获得耐用消费品,该财产的成本不能可靠计量,因此应以该财产在当期存在的活跃市场的同类商品的公允价值进行计量。

(6) 生物财产的计量。

居民在社会活动中,因继承、交易、分配、自筹等方式都能获得该类财产,如继承前人留下的林场、养殖场等,通过与他人交易和自行建造获得林场、牲畜,以及在政府分配时获得等。不论是何种方式获得,该类财产的价值受市场环境和其生长状况的影响。该类财产只有交易获得时的成本能可靠计量,其财产的真实价值却存在浮动,因此对该类财产应以货币为计量单位,以公允价值为计量属性进行计量。所以在对该类生物财产进行记录和计量时,应该以记录当期的存在活跃市场的同类财产的公允价值进行计量。计量单位可以采用货币计量,也可采用实物计量。①

(7) 贵重物品及收藏品的计量。

贵重物品及收藏品主要是居民通过继承和交易的方式获得,主要包括金银珠宝、字画、古籍、古董等收藏品,这些财产的价格容易受市场

---

① 企业会计准则第5号——生物资产:有确凿证据表明生物资产的公允价值能够持续可靠取得的,应当对生物资产采用公允价值计量。采用公允价值计量的,应当同时满足下列条件:(一)生物资产有活跃的交易市场;(二)能够从交易市场上取得同类或类似生物资产的市场价格及其他相关信息,从而对生物资产的公允价值作出合理估计。

环境影响，随市场浮动，因此对贵重物品的计量应分别从不同的来源予以考虑。居民通过交易获得的贵重物品时付出的成本能可靠计量，因此该居民财产应以获得时付出的历史成本金额进行记录和计量。居民在通过继承方式获得贵重物品这一类的财产时其成本不能可靠计量或其成本极低，因此对该来源的财产应以当地活跃市场存在的同类商品的公允价值进行记录和计量。计量单位可以采用货币计量，也可采用实物计量。

（8）其他消费品计量。

按照实际支付金额计量。

6.3.1.3 无形资产的计量

作为居民财产的无形资产，本书主要指的是居民通过发挥其聪明才智、自行独立创造和发明的专利、非专利技术、著作权等，该类财产的获得不仅消耗居民的人力、物料，还消耗居民的时间和精力，因此其成本不能可靠计量，所以对该类财产的计量不能以历史成本计量，只能以该类财产在当地活跃市场的同类财产公允价值作价估值计量。

6.3.2 负债计量

6.3.2.1 短期债务计量

① 未付电费：按照居民应付未付的家用电费金额计量。
② 未付水费：按照居民应付未付的家用水费金额计量。
③ 未付房租：按照居民应付未付的住房租金金额计量。
④ 其他未付款：按照居民应付未付的家用其他费用现值计量。

6.3.2.2 长期债务计量

① 未付房贷：按照居民按揭购买房屋而应付未付的房款的历史成本

计量。

② 未付车贷：按照居民按揭购买车辆而应付未付的车款的历史成本计量。

③ 其他长期未付款：按照居民按揭购买除房屋、车辆以外，如居民购买农具而应付未付款项的历史成本计量。

6.3.2.3 净资产计量

按照居民的资产减去负债后的差额计量。

6.4 各类财产收入计量

6.4.1 利息收入的计量

居民财产收入中的利息收入主要来自银行储蓄、购买债券、银行理财产品等获得的利息，主要包括存款利息、债券利息、基金、银行理财产品收益、外汇、期货差价收益。在居民财产收入中这一部分收入风险较低，相对稳定。因为企业、银行等金融机构利息的支付方式包括分期付息和一次付息，因此居民所获得的利息收入也是分期或一次性获得。但无论居民的利息收入如何获得，笔者认为居民都应该分期计算并应该确认利息收入。对于居民利息收入的计量单位，应该采用货币计量单位，并根据协议或合同约定的利率来计算居民的利息收入。[1]

---

[1]《中华人民共和国企业所得税法实施条例》(2008年1月1日实施)第十八条：企业所得税法第六条第（五）项所称利息收入，是指企业将资金提供给他人使用，但不构成权益性投资，或者因他人占用本企业资金取得的收入，包括存款利息、贷款利息、债券利息、欠款利息等收入。利息收入，按照合同约定的债务人应付利息的日期确定收入的实现。

6.4.2 股息与红利收入的计量

居民将其所拥有的财产投资于上市公司或者股份制公司就有可能获得收入。这相对于利息收入而言风险较高，较不稳定，但收益也较高。通常这种收入是由于居民投资金融工具而得到的。金融工具的计量通常又是采用公允价值，并且股息与红利的分配由公司董事会在某一具体日期进行宣布，居民也是在其自愿与公平的环境下进行投资，因此对于居民所获得的股息与红利收入可以采用公允价值进行计量比较合理。

6.4.3 保险收益的计量

居民的保险收益是指居民向保险公司投保所获得的收益或者是购买社保基金所得到的收益，可以分为财产保险收益和人身保险收益，一般来说，主要是指居民的储蓄型保险。储蓄型保险又可以分为两种，一种是分红型保险，这种保险的利益会跟着银行的调息而调整；另一种是养老健康险。一些储蓄型保险是到期还本，并支付红利，还有一些是每隔一段时间返还一次，因此在居民拥有比较稳定的经济来源时，通过长期稳定的存入资金，在规定时间内获得一定的收益，这种收益可以是分红，也可以是利息。在居民投入保险，保险合同生效开始，保险公司对居民也就承担相应的保险责任，这种责任通常是以现金或者现金等价物的形式表现。根据《保险法》第十一条规定："投保人和保险人订立保险，应当遵循公平互利、协商一致、自愿订立的原则，不得损害社会公共利益"。[①]可知，保险合同的签订是建立在投保人与保险人双方对风险与收益相互权衡的基础之上进行的自愿行为，符合公允价值计量的规定。并且对于保险收益，保险公司也给出相应的收益率，因此可以以公允价值进行计

---

① 《中华人民共和国保险法》（2009年2月28日修正）第十一条：订立保险合同，应当协商一致，遵循公平原则确定各方的权利和义务。除法律、行政法规规定的必须保险外，保险合同自愿订立。

量。而对于社会保险，虽然带有强制性，但它考虑到了更多的社会经济因素，因此也可以以公允价值来计量。

6.4.4 租金收入的计量

居民的租金收入是指居民出租房屋、土地、车辆、机械、生产性固定资产、耐用消费品、专利以及版权等资产所获得的收入。这种收入应当按照有关合同或协议约定的收费时间和方法来计算确定。[①]居民所取得的这种收入的时间和方法也是多种多样的，可以一次性获得一笔固定的金额，例如居民在出租现值房屋时，可以通过与租户签订三年的合同并且一次性收取租金。当然，居民也可以在合同或协议中约定分期收取租金。因此，对于合同约定方式的不同，租金收入的确认与计量也应不同。如果是一次性收取，应当以实际收到的时间为准确定收入。如果是分期收取，则应该在合同或协议规定的有效期内按照一定的收费标准计算出的金额分期确认收入。同时，对于居民的租金收入，在居民出租房屋、机械等固定资产时，应当以重置成本计量较为合理，而对居民收取的因出租专利、版权等无形资产的租金收入，由于居民的专利、版权等资产的价值更偏向未来，因此以现值计量更为合理。

6.4.5 知识产权收入的计量

居民的知识产权收入是指居民通过转让专利、版权等资产所有权所获得的收入。知识产权属于无形资产，由于其具有无形性、超额盈利性、垄断性以及不稳定性等特征，因此如果采用历史成本是很难对其进行较为客观准确的确认与计量。如今，正处于知识经济时代，知识产权的地

---

① 《中华人民共和国企业所得税法实施条例》（2008年1月1日实施）第十九条：企业所得税法第六条第（六）项所称租金收入，是指企业提供固定资产、包装物或者其他有形资产的使用权取得的收入。租金收入，按照合同约定的承租人应付租金的日期确认收入的实现。

位也在不断上升，人们对它也越来越重视，它的价值更偏向于未来。因此对于居民所获得的知识产权收入以现值计量更为合理。以时间价值的现值作为计量基础，其理论依据是资产的价值是未来现金流入的现值，从而在确认居民的知识产权收入时更为客观、可靠。

6.4.6 财产增值收益的计量

居民的财产增值收益主要是指居民出售艺术品、邮票等收藏品，转让房屋等资产，以及股票、基金、外汇、期货等金融产品超过原购买价的那一部分收入。由于居民的财产增值收益是根据财产的市场价值变化情况来获得的，例如房地产市场房价上涨，居民过去所购买的房屋此时转让一般是按市价来计量；再如某收藏品的转让，买卖双方都是根据该艺术品的现行市场价值来交谈交易的。因此，笔者认为对于居民的财产增值收益以市价或者说重置成本来进行计量较为合理。

7 居民财产收入核算指标体系设计

7.1 财产收入核算的历史回顾

7.1.1 1986年—1987年

根据1986年—1987年城市住户调查表式(具体见附表1城市住户基本情况和现金收支调查表)可以看出当时的财产收入核算情况。这里我们只关注现金收支部分,其他省略。从附表1可以看出,城市住户的收入主要包括生活费收入和储蓄借贷收入。生活费收入来源于十二个部分,主要包括全民所有制职工工资、个体劳动者收入、其他劳动收入、退休人员收入等。储蓄借贷收入主要包括提取储蓄存款、提取储蓄金会款、借入款等。这里没有单独列出财产收入,原因是当时居民财产较少,很少涉及财产收入。从收入构成来看,出售财物收入应该是与财产收入有关。

7.1.2 1988年—1991年

根据1988年—1991年城市住户调查表式(具体见附表2城市住户基本情况和现金收支调查表)可以看出当时的财产收入核算情况。这里我们重点关注现金收支部分,特别是现金收入和财产收入。根据附表2我们可以看出,城市住户的收入一般含有实际收入和借贷收入。实际收入由十个组成部分构成,主要包括财产性收入、转移性收入等。借贷收入主要包括提取储蓄存款、提取储蓄金会款、借入款等。这里实际收入指调查户的所有实际的现金收入,包含经常或者固定应得的收入以及一次性收入,但像提取银行存款、向亲友借入款等周转性收入不包含在内。生活费收入指调查户家庭实际收入中用于安排日常生活的收入。这里单独列出了财产性收入,包括利息、红利、其他财产租金收入。

7.1.3　1992 年—1996 年

根据 1992 年—1996 年城市住户调查表式(具体见附表 3 城市住户现金收支调查表)可以看出当时财产收入核算情况。这里我们重点关注现金收支部分,特别是现金收入和财产收入。附表 3 可以看出,城市住户的收入主要包括实际收入和借贷收入。实际收入来源于十二个组成部分,主要包括全民所有制职工工资收入、财产性收入等。借贷收入包括提取存款、提取储金会款、借入款项、收回借出款项、收回储蓄性保险本金、兑现有价证券、赊购、为购买房屋从银行贷款,其他借贷收入。而财产性收入包括利息、红利、其他财产性租金收入。1992 年—1996 年财产性收入核算指标和内容与 1988 年—1991 年的财产性收入核算指标和内容相同,没有区别和变化。

7.1.4　1997 年—2001 年

从 1997 年—2001 年城市住户调查表式(具体见附表 4 城市住户现金收支调查表)可以看出当时财产收入核算情况。这里我们重点关注现金收支部分,特别是现金收入和财产收入。从附表 4 我们可以看出,城市住户的收入主要包括实际收入和借贷收入。实际收入来源于十一个组成部分,主要包括国有经济单位职工收入等。借贷收入包括提取储蓄存款、提取储金会款、借入款、收回借出款、收回储蓄性保险本金、兑现有价证券、赊购、为购买房屋从银行贷款、其他借贷收入。表中所列出财产性收入主要是由利息、红利、财产租金收入构成。1997年—2001年的财产性收入核算指标和内容与1988年—1991年、1992年—1996年的财产性收入核算指标和内容相同，没有区别和变化。

7.1.5　2002年—2011年

从附表5城市居民家庭现金收支调查表可以看出，2002年—2011年间核算的城市居民家庭现金收入包括四个部分，即期初手存现金、家庭总收入、出售财物收入、借贷收入。其中出售财物收入由出售住房收入、出售其他物品收入构成、借贷收入由提取储蓄存款、借入款、收回借出款、收回储蓄性保险本金、兑售有价证券、收回投资本金、住房贷款、汽车贷款、教育贷款、其他贷款、其他借贷收入构成。从家庭总收入上看，工薪收入、经营净收入、财产性收入以及转移性收入属于家庭总收入的可支配收入。其中，工薪收入包括工资、补贴收入以及其他劳动收入。转移性收入主要包括养老金或离退休金、社会救济收入、辞退金、赔偿收入、保险收入、赡养收入、捐赠收入、亲友搭伙费、提取住房公积金、记账补贴、其他转移性收入。财产性收入包括利息收入、出租房屋收入、股息与红利收入、其他投资收入、保险收益、知识产权收入、其他财产性收入。这里，财产性收入的构成项目较多，与前些年相比增加了一些项目，包括保险收益、其他投资收入、出租房屋收入、知识产权收入等。各指标核算内容如下。

（1）期初手存现金。

期初手存现金是指用来核算居民家庭所有成员在期初所持有的全部人民币以及将持有的外币折算成人民币的手存现金，包括家庭成员为其亲友购买商品的各种暂付款，但并不包括家庭成员中不拥有现金及现金等价物的所有权和支配权的各种暂收款，例如家庭成员将为亲友进行代购商品预期所收到的现金，因公外出向工作单位预先借入的差旅费等。

手存现金作为家庭住户调查中的重要指标，是反映货币流通量、家庭金融资产的重要计算依据。

（2）家庭总收入。

家庭总收入主要是用来核算调查住户中所有家庭成员在调查期间内所获得的工薪收入、经营净收入、财产性收入以及转移性收入的总和，出售财务所获得的收入以及借贷收入不包括在内。收入是以实际发生的金额作为统计标准，凡是在调查期间获得的收入，不管是属于补发还是预发的收入，均应如实计算，不进行分摊。

其中的可支配收入，是指所调查的住户家庭中可进行自由支配的收入，住户家庭可以将其进行最终消费和其他非义务性支出，也可以对其进行储蓄。其基本计算公式等于家庭总收入减去应交纳的所得税、个人应的社会保障费以及调查户的记账补贴后的收入余额。

①工薪收入。工薪收入是指就业人员通过从事各种职业所获得的全部劳动报酬，从事第二职业、各种兼职以及其他劳动所获得的收入也包括在内。

A. 工资及补贴收入。该项是用来核算工作单位给予劳动者的因从事某项职业所获得的劳动报酬，既包括以时间和件数作为单位核算所支付的报酬，也包括根据国家有关政策规定需要给员工的工资性津贴、补贴，因病、工伤以及执行国家或社会义务等原因以工作的时间作为支付工资的标准。工资收入按实际发放数量来计算，凡是在调查期间内实际获得的工资收入都应该记账，不管补发还是预发的工资，但不包括一次性买断工龄收入（应计入转移性收入）。工作单位出资为职工交纳的各种社会保障费，如养老金、住房公积金、医疗基金和失业基金等不应包括在内。同时工资收入还应包括各种扣款额，如工作单位代扣的养老金、住房公积金、医疗保险等以及代扣的房租、水电费、托儿费、医疗费、借款等应该由职工本人承担的那一部分，并且将扣除的各项费用计入各项支出当中。同时，不管就业者所在是国营还是私营单位，不管是个体被雇人员的劳动报酬还是退休后再就业人员所获得的劳动收入都应该作为工资收入进行统计。同时还包括因企业停工发放给员工的生活费用。

单位发放给职工的各种福利收入，主要包括生活困难补助费、福利费、上下班交通费、自行车补助费、独生子女费，还包括对接触有毒物质、矽尘作业、放射线作业和潜水、沉箱作业、高温作业等工种所享受的保健食品费、文娱费、出差伙食补助，以及交通补贴、误餐补助、调动工作的旅费和安家费、计划生育奖、创造发明奖、自然科学奖、合理化建议、技术改进奖等。同时对于实施医疗制度改革的单位还包括直接支付给个人的或者能够向单位报销的医疗费以及现金发放的劳保用品等。

B. 其他劳动收入。其他劳动收入是用来核算家庭成员因从事第二职业，以及通过兼职、零星劳动所获得的报酬，包括稿费、翻译费、课题费、培训费、信息费、调查费、商品推销费、购进旧家电维修后出售所得的净收入等。

② 经营净收入。经营净收入是指家庭成员因从事生产经营活动所获得的全部收入扣掉生产经营活动的初始投资成本以及其他生产成本，所需缴纳的税金后的余额。如果当期收入小于生产费用的开支，其差额应记入"其他借贷支出"中。

③ 财产性收入。财产性收入是指核算居民住户因出售、出让或因持有对拥有所有权或控制权的股票、债券、艺术品等或者是借出手中的现金以及将手中多余的现金存入银行所获得的利息、租金、股利以及财产增值等收入。

A. 利息收入。利息收入是指拥有现金、债券的居民因借出资金或在银行等金融机构存入资金，能够按照事先已经确定的利率来获得的超过所借出金额的那部分收入。利息收入可分为活期存款利息和各种定期存款利息、债券利息、储蓄性奖券等。利息和红利不同，利息一般都是固定的，它只与本金和约定的利率有关，与企业的经营状况无关，而红利却是不固定的，它主要取决于企业的经营状况。利息收入属于应得收入。

B. 股息与红利收入。股息与红利收入是指居民因购买公司股票所实现的各种收益。具体包括个人按其持有股份额定期获得的股息、年终分红，通过买卖股票所获得的价差收入等。如果发生亏损，则亏损额记入"其他借贷支出"。

C. 保险收益。保险收益是指核算除保险人收到的保险责任人给予的保险理赔收入外，参加储蓄性保险的居民家庭住户所得到的扣除了保险本金后的净额。

D. 其他投资收入。其他投资收入是核算家庭住户通过将具有收藏价值的艺术品、邮票出售所获得的超过原购买时的价格的那部分收入，或者是投资于自己不参与经营的活动所获得的利润收入等。

E. 出租房屋收入。出租房屋收入是核算居民通过出租其所拥有的房屋所获得的那部分收益，也就是将居民所获得的租金收入扣除相关税费、相关成本费后的净额。

F. 知识产权收入。知识产权收入是核算家庭成员对于自身已申请获得所有权或使用权的专利、著作等知识产权进行转让、出售后所获得的收入再扣除相关税费后的净额。

G. 其他财产性收入。其他财产性收入是指核算除上述以外家庭所得的其他各种财产性收入。

④ 转移性收入。转移性收入是指核算政府、国家机构、社会团体拨出一部分资金转移给居民家庭住户以及居民家庭之间的收入转移，具体包括政府对个人收入的转移如离退休金等，单位对个人收入转移如住房公积金等。

A. 养老金或离退休金，是按照国家有关有关规定，对于正式办理了离休以及退休手续并且具有离退休待遇资格的职员，可以领取离退休金。具体包括离退休人员的离退休金、生活补贴、保姆津贴、因工伤导致离退休人员的护理费，离退休人员异地安家补助费、取暖补贴、医疗费、书报费、困难补助以及在原工作单位所得的各种其他收入。

B. 社会救济收入，是国家对存在家庭困难的特殊家庭以及人员给予的特殊津贴、补助。具体包括对于具备城镇居民最低生活保障资格的家庭，国家对其发放最低生活保障金，对于特殊困难家庭国家和社会发放的困难补助和受灾救济款，还有国家对伤残军人的抚恤金等。但赠送的实物不包括在内，只计算得到的现金收入。

C. 辞退金，是指在职工面临劳动合同被解除时，工作单位或者雇主对其给予的补偿费，一次性工龄买断收入也包括在内。

D. 赔偿收入，是指居民因意外事故而遭受财产损失、人身伤害而获得的各种赔偿，但不包括保险赔偿损失。

E. 保险收入，是核算居民因购买保险，由于意外事故以及自然灾害遭受经济或人身损失时从保险公司获得的各种保险赔偿收入。但人寿保险返回的年金不包括在内。

F. 失业保险金，是根据《失业保险条例》（国务院令258号），失业保险经办机构对具备资格的失业人员定期发放的失业救济金。

G. 赡养收入，是核算由于赡养义务，亲友需要支付给家庭某些成员的现金，包括亲友因在外地工作寄回给家中老人的现金。

H. 捐赠收入，是核算家庭所得到亲友对其捐赠的现金。它与赡养收入的区别在于捐赠是对本家庭成员不需要承担赡养义务的亲友给家庭成员的现金。

I. 亲友搭伙费，是核算对于未计入家庭人口的成员在调查家庭住户中用饭所交的膳食费。

J. 提取住房公积金，是核算具备住房公积金资格的职员，根据办理一定的手续来提取的住房公积金。具体包括个人和单位交纳的公积金，和对还没有达到住房面积标准的职工以及离退休职员，单位对其发放的住房补贴。发放的住房补贴只包括已提取的现金和已用于购房的那部分资金，名义上划入个人住房公积金账户的，不应包括在内。

K. 记账补贴，是核算统计部门、工作单位发放给担任记账工作的人员的现金，实物部分不做统计。

L. 其他转移性收入，是核算除上述各项收入以外，家庭成员所得到的其他转移性收入。包括单位发放的抚恤金、军人的转业费、复员费、各种有奖彩票的中奖收入等。

⑤ 出售财物收入，是核算家庭成员对其所拥有的财物进行转让、出售所获得的收入。因为出售财物是将家庭财物由实物转为货币形态，家庭财产总量并没有发生变化，所以不计入可支配收入当中。

A. 出售住房收入，是核算家庭住户对其所拥有的全部或部分住房进行转让所获得的当时购买该部分住房所支付的房款。该指标仅反映出售住房的全部金额，超出购房原价的那部分增值在扣除各项相关交易费用后的余额应反映在"其他投资收入"指标中。

B. 出售其他物品收入，是核算家庭因出售各种废旧物品所获得的收入。

⑥ 借贷收入，是核算家庭住户因提取银行存款、借入款、收回借出款、储蓄性保险本金、兑售有价证券、收回投资本金以及贷款等获得的周转性收入。

A. 提取（存入）储蓄存款，是核算家庭住户从银行等金融机构提取已存入的活期或定期存款。按实际发生额填列，但利息与奖金不包含在内。

B. 借入款，指亲友或工作单位借给家庭住户的现金，不包括当月归还的周转款以及因公向工作单位借入的现金。

C. 收回借出款，是指调查户将以前月份借出的现金收回来。

D. 收回储蓄性保险本金，指调查住户将到期的本金收回来。

E. 兑售有价证券，是指居民因出售股票、兑换债券所获得的收入。出售股票收入仅包括原来购买股票时支付的金额或低于该金额的那部分，如果售价高于原购买价格，高出的那部分应计入财产性收入的"股息与红利收入"。兑售债券收入只包括当时的购买原价，获得的利息应计入"利息收入"。

F. 收回投资本金，是指除股票、债券投资活动外，居民从开始从事其他投资活动至结束投资行为期间所收回的投资初始额。包括返还的集资款原值、出售艺术品、收藏品等回收时的原价。

G. 住房贷款，是核算居民家庭住户因购买住房而向银行等金融机构、住房公积金中心所申请获得的银行贷款和住房公积金贷款。

H. 汽车贷款，是核算居民家庭因购买家用汽车向银行等金融机构取得的银行贷款。

I. 教育贷款，指为家庭成员完成学业而向银行以及学校申请的贷款。

J. 其他贷款，指除住房、汽车、教育以外的，因消费其他向金融机构申请的贷款，如耐用品贷款、旅游贷款等。

K. 其他借贷收入，指不包括以上几项所取得的其他各种借贷收入。

7.1.6　2012 年至今

从附表 6 可以了解到，居民可支配收入是由工资性收入，财产净收入，转让净收入（=转移性收入-转移性支出）、经营净收入、自有住房折算净租金这五个部分构成。其中工资性收入包含工资、实物福利和其他。经营净收入包含第一产业净收入（包括农业、林业、牧业、渔业、农林牧渔服务业），第二产业净收入，第三产业净收入。财产净收入包含利息净收入、股息红利收入等收入。转移性收入包含养老金或离退休金、社会救济和补助等收入。转移性支出包含个人所得税、社会保障支出、农村外来从业人员寄给家人的支出、赡养支出以及其他经常转移支出。从附表 7 可以看出，工资性收入、经营净收入、财产净收入、转让净收入（= 转移性收入-转移性支出）这四个部分构成了当时居民现金可支配收入，没有自有住房折算净租金，具体各部分项目内容与附表 6 相同。从附表 8 来看，居民现金收入是由工资性收入、非农业生产经营收入、财产性收入、转让性收入、非收入所得、借贷性所得这六个部分构成。其中工资性收入由工资[包括按月发放的工资（奖金、津贴），补发工资，不按月发放的奖金、津贴、过节费等]；其他[包括辞退金，自由职业劳动所得（如稿费、翻译费），安家费，股票期权，单位或雇主实物福利报销所得，其他劳动所得]两部分构成。非农业生产经营收入由采矿业，制造业，电力、热力、蒸汽及水生产和供应业，租赁和商务服务业（出租机械设备、专利权、版权等非房屋资产的收入和其他租赁和商务服务收入），居民服务、修理和其他服务业等行业经营收入构成。财产性收入主要包括利息收入，红利收入，储蓄性保险净收入，转让承包土地经营权租金净收入，转让性收入由养老金或离退休金（包括离退休人员养老金、城镇居民社会养老保险、新型农村养老保险、其他养老金），社会救济和补助（包括最低生活保障费、五保户救助金、扶贫款、救灾款、定期发放的抚恤金、其他社会救济收入），政策性补贴（包括政策性生产补贴、政策性生活补贴）。其中政策性生产补贴主要包括粮食直接补贴等；政策性生活补贴包括家电补贴等。非收入所得由出售资产所得[包括出售住房本金所得，出售住房溢价所得（含亏损），出售股票、基金、收藏品本金所得，出售股票、基金、收藏品溢价所得（含亏损），出售生产性固定资产所得，拆迁征地补偿所得，出售其他财物和收回其他投资本金所得]，非经常性转移所得（包括博彩所得、婚嫁娶礼金所得、遗产及一次性馈赠所得、一次性补偿所得、提取住房公积金、调查补贴、其他非经常性转移所得），其他非收入所得构成。借贷性所得由提取储蓄存款、借入款、收回借出款、收回储蓄性保险本金、住房贷款、汽车贷款、教育贷款、其他贷款以及其他借贷所得构成。指标核算内容如下。

可支配收入是指居民家庭住户中可以自由支配的收入，由居民的最终消费支出和储蓄组成。在居民的可支配收入中，现金和实物收入都统计在内。依据收入来源不同，可支配收入可分为工资性收入、经营净收入、财产净收入、转移净收入和自有住房折算净租金，即可支配收入等于工资性收入、经营净收入、财产净收入、转移净收入以及自有住房折算净租金之和；其中经营净收入等于经营收入减去经营费用、生产性固定资产折旧、生产税净额（生产税-生产补贴）后的净额，财产净收入等于财产性收入减去财产性支出，转移净收入等于转移性收入减去转移性支出。

现金可支配收入指居民可以用来自由支配、以现金形式表现的收入。根据现金收入来源不同，现金可支配收入可分为现金工资性收入、现金经营净收入、现金财产净收入和现金转移净收入。

工资性收入是核算工作单位对参加工作的人员因为其工作而给予的劳动报酬和福利，包括从事固定工作、自由职业等所获得的所有劳动报酬和福利。

工资是就业人员因劳动在单位或雇主那里获得的各种现金报酬，包括按周、按月或按其他间隔定期发放的计时计件劳动报酬；按月、按季度或按年度发放的奖金；按月或其他间隔发放的住房补贴、交通补贴、车改补贴、通讯补贴、冬季取暖费和防暑降温费等；定期或不定期发放的过节费、相当于现金的通用购物卡等；因加班、夜班、在周末或其他私人时间工作而获得的加班工资或专门津贴；因到外地工作、或在不满意的或危险的环境下工作而获得的津贴；在国外工作的出国津贴等；根据国家法律法规和政策规定，因病、工伤、执行国家或社会义务等特殊原因根据工作时间或工作件数为标准来支付的工资；根据激励制度，与企业整体业绩挂钩而给付的专项奖金或现金奖励；在工作岗位上获得的佣金、赏金或小费。

工资应包括各种扣款，如工作单位代扣的养老保险、医疗保险、失业保险和住房公积金中应由个人承担的部分，以及单位在工资中代扣的房租、水电费、托儿费、医疗费等，同时扣除的各项费用应分别计入相应的消费支出或转移性支出。工资按照收付实现制计算，凡是在调查期内实际得到的工资，不论该工资是补发还是预发，都应归为本期得到的工资收入。

工资不包括因员工或员工家属大病、意外伤害、意外死亡等原因支付给员工或其遗属的抚恤金和困难补助金，应该将其列入转移性收入中的社会救济和补助收入。

实物福利是核算单位或雇主免费或低价提供给员工的各种实物产品和服务折价。实物福利既包括单位或雇主免费或低价提供的各种实物产品，如米面、植物油、牛奶、水果、糕点、床上用品、日用杂品、手机、自行车、家用电器及配件等；也包括单位或雇主免费或低价提供的各种服务，如免费或低价提供的工作餐（不包括公务招待或出差中的餐饮消费）、住宿、上下班交通工具、停车场、幼儿园、娱乐、健身、旅游和医疗保健服务，以及单位缴纳的水电费、取暖费、物业费、职工子女入学的教育赞助费等。由个人先行付款消费，后由单位或雇主给予报销的款额也视为实物福利。实物福利还包括单位或雇主自身生产过程所生产的货物与服务，如铁路或航空公司提供给员工的免费旅程，采矿企业提供给员工的免费煤炭等。

实物福利的估价遵循以下原则：如果产品或服务是单位或雇主购买的，则采用购买者价格对其进行估价；如果产品或服务是单位或雇主自己生产的，则采用生产者价格对其进行估价；如果产品或服务是免费提供给职工的，则实物福利的价值就是所提供产品或服务的全部价值；如果产品或服务是以低于市场价格的价格提供给职工的，则实物福利的价值就是所提供的产品或服务的市场价值与实际支付额之间的差值。

实物福利不包括单位或雇主为雇员能够完成工作所给予的实物产品或服务。如雇员为接手新的工作岗位或应雇主的要求，把家搬到本国其他地区或国外所支付的旅费、搬迁费或其他相关费用的报销；如发给雇员的用于工作的服装、工具、设备或其他产品。

其他是核算就业人员获取的、除工资以外的其他现金劳动报酬以及单位缴纳的各种社会保障费。包括因裁员得到的一次性辞退金，股份制企业派发或奖励给员工的股票和期权，调动工作的安家费，根据国务院发布的有关规定颁发的创造发明奖、自然科学奖和科学技术进步奖以及支付给运动员、教练员的奖金，个人因从事自由职业如写作、翻译、设计等得到的稿费、翻译费、设计费、讲课费、咨询费等劳动报酬。还包括单位出资缴纳的各种社会保障费，如养老保险等。这部分数据在数据收集过程中可以不直接由住户进行填报，而是根据单位缴费与个人缴费的比例进行自动插补。

经营净收入指居民家庭成员从事生产经营活动取得的经营收入后，将取得的经营收入减去有关经营费用、减去生产性固定资产折旧，再减去生产税净额获得的净收入，其中，生产税净额等于生产税减去生产补贴。

第一产业净收入指居民家庭成员进行农、牧、林、渔业生产经营取得经营收入后，用经营收入减去经营费用、减去生产性固定资产折旧、再减去生产税净额得到的净额。其中，生产税净额等于生产税与生产补贴之差。

第一产业是指农业、林业、牧业、渔业和农林牧渔服务业。目前，在第一产业生产经营活动中没有生产税，同时有一定的生产补贴。政府为扶持农业、牧业、林业、渔业和农林牧渔服务业进行的相关补贴，包括粮食直补等。

因此，第一产业经营净收入的计算公式为：

经营净收入=经营收入-经营费用-生产性固定资产折旧+惠农补贴。

第二产业净收入指居民家庭成员进行采矿、电力、制造等重工业所得到的所有经营收入减去经营费用后、再减去设备等生产性固定资产折旧、减去生产税净额后得到的净额。

第三产业净收入指家庭居民经营服务行业，从服务行业得到的经营收入减去相关经营费用、减去生产性设备等固定资产折旧以及减去生产税净额（生产税减去生产补贴）后得到的净额。

第三产业是主要是指服务业。可以分为四个层次。第一层次是生产和生活服务部门，如金融业等。第二层次是指流通部门，如通运输、仓储和邮政业等都属于这一部门。第三层次社会公共服务部门，如国家机关等。第四层次是指文化服务部门，包括教育业等。

需要注意，房地产业包括居民住户以营利为目的出租自有房产（住房、生产经营用房和办公用房）等活动。租赁和商务服务业包括居民住户以营利为目的出租机械设备、汽车、各类文娱用品、专利、商标、版权、著作权等活动。

财产净收入指调查居民住户成员将其拥有所有权的金融资产、土地等财产交给其他机构或自己管理运营而获得的全部报酬扣掉相关费用后所获得的净额。它包括利息净收入、股息红利收入等。

将非金融资产例如住房、生产经营用房、专利、专有技术等交给其他机构、单位或者自己运营而获得的报酬不属于财产净收入，而应该计入"经营净收入"。转让资产所有权的溢价所得的报酬也不应计入财产净收入，应计入"非收入所得"。

利息净收入是指利息收入扣除该住户或个人付给债权方的生活性借贷款利息支出后得到的净值。

利息收入是指借贷双方在自愿的前提下根据事先签订的契约条件，借出金融资产的家庭住户或者个人从借入金融资产的住户以及个人处获得的超过借出金额的那部分收入。利息收入包括各种定期和活期存款利息，债券利息等。利息和红利的区别在于利息一般都是固定的，它只与本金和约定的利率有关，与企业的经营状况无关，而红利却是不固定的，它主要取决于企业的经营状况。利息收入属于应得收入。

股息与红利收入是指居民因购买公司股票所实现的各种收益。具体包括个人按其持股份额定期获得的股息、年终分红等。但是不包括股票买卖差价损益（含亏损），其应计入"非收入所得"。

储蓄性保险净收益是指核算除保险人收到的保险责任人给予的保险理赔收入外，参加储蓄性保险的居民家庭所得到的减去交纳给保险公司的保险本金后的净额。

转让承包土地经营权租金净收入是指其他机构单位或个人在获得住

户土地经营权或使用权的过程中对其给予的补偿性收入再扣除相关费用支出后的净收入。也包括从其他机构单位或个人获得的实物形式的收入。

其他财产净收入是指调查住户除上述以外所得到的其他财产性收入扣除相关的维护成本之后得到的净收入。如在国外购买土地、矿产等自然资源而获得的财产净收入等。

转移净收入计算公式为：转移净收入=转移性收入-转移性支出。

居民转移性收入以及各种经常性转移支付一半是以政府、政府机构、社会组织为来源，而居民之间的经常性收入是其重要组成部分。转移性收入包括社会救济和补助、政策性生活补贴、救灾款等。

对于行政事业单位从事工作的人员，在没有缴纳任何保险费的情况下，所收到的离退休金和报销医疗费不能纳入转移性收入的范畴。粮食直补、购置和更新大型农机具补贴、良种补贴等国家为扶持农业而进行的相关生产补贴不属于转移性收入。它是对第一产业经营所获得的生产补贴，它也是一种负的生产税。

根据国家有关文件规定，养老金或离退休金是指根据年老者或丧失劳动能力者对社会、单位所做的贡献和所具备的享受养老保险资格或退休条件，按月以货币形式或实物产品及服务给予的待遇，主要用于保障因年老或疾病丧失劳动能力的劳动者的基本生活需要。其包括离退休人员的养老金或离退休金、生活补贴，农民享有的新型农村养老保险金，城镇居民享有的社会养老保险金，国家或地方政府给予城镇无保障老人的养老金，因工作中受伤而离退休的人员的护理费等。

社会救济和补助指对于存在生活困难的特殊家庭以及人员，国家、机关企事业单位以及社会团体对他们无偿发放现金、实物等。包括国家对享受城镇居民最低生活保障待遇的家庭发放的最低生活保障金、对农村五保户发放的五保救助金，国家和社会及机构单位对特殊困难家庭给予的困难补助、扶贫款、救灾款，国家或机构单位向由于失去工作能力或意外死亡等原因而失去工作的职工或其遗属定期发放的抚恤金等。也包括发给的实物和购买指定物品的票证、购物卡券，应同时计入相应的实物产品和服务项目中。

政策性生活补贴指根据国家的有关规定，中央财政、各级地方财政给予家庭的相关政策性生活补贴。包括家电下乡和以旧换新等家电补贴、能源补贴、给农村寄宿制中小学生的生活补贴等；也包括其他低价或免费提供的实物产品和服务，如廉租房等。

报销医疗费指参加新型农村合作医疗、城镇职工基本医疗保险、（城镇）居民基本医疗保险的居民在购买药品、进行门诊治疗或住院治疗之后，从社保基金或单位报销的医疗费。报销医疗费包括使用社保卡进行医疗服务付费时直接扣减的、由社保基金支付的部分。从商业医疗保险获得报销的医疗费不包括在内。行政事业单位人员未缴纳任何社会保险费而获得的报销医疗费也不包括在内，计入工资性收入中。

报销医疗费属于一种实物收入，不包括在现金可支配收入的计算中。

农村外出从业人员寄回带回收入指在外（包括在外过）工作的农村居民寄回、带回的收入。包括农村外出人员以现金方式直接寄回或者是以银行为中介机构进行的转账、汇款等，都应计入该收入科目。

赡养收入是指家庭中的亲友因为承担赡养责任而需要给家中老人经常性给予现金或者实物。

除上述各项转移收入外住户获得的其他经常性转移收入是为其他经常转移收入。包括经常性捐赠收入、经常性赔偿收入、失业保险金、亲友搭伙费等。

经常性捐赠收入指住户从他人、组织、社会团体处得到的经常性捐献或赠送收入。这种捐赠收入带有义务性和经常性，不包括遗产及一次性馈赠收入、婚丧嫁娶礼金所得、压岁钱等。捐赠收入与赡养收入存在区别：赠送是对本住户的成员无赡养义务的其他住户或个人给本住户及其成员的现金。本住户成员内部间的捐赠收入和捐赠支出均不必记账。

经常性赔偿收入指住户及其成员因受到财产损失、人身伤害、精神损失得到的国家、单位、个人定期支付的经常性赔偿，不包括一次性赔偿所得。

转移性支出是指核算居民家庭根据自身的义务以及责任，需要向国家、组织、团体或者其他居民支出一定的资金，像国家对个人规定的，在个人工资超过5 000元时要缴纳个人所得税，还有由于个人道德与责任意识，向贫困山区捐赠物资等支出、社会保障支出、赡养支出以及其他经常性转移支出等。

个人所得税是指所调查的居民家庭住户成员所得到的工作单位给予的工资性收入、个体工商户通过生产经营所获得的收入、因创作所获得的稿酬收入、因投资有价证券所获得的股息红利收入、租赁房屋等不动产所获得的租金收入、转让房屋等不动产所获得的收入、买彩票等中奖获得的偶然收入等在其超过起征点时而需向税务机关缴纳的税款。

社会保障支出是指国家出于对居民各种权益的保护，制定有关法律法规，由工作单位与居民自身共同承担的对法律条款中规定的社会保障项目缴纳的支出。包括养老保险、医疗保险、失业保险、工伤保险、生育保险以及其他社会保障支出。

农村外来从业人员寄给家人的支出指外地农业户籍的从业人员寄回带回其户口登记地家庭的支出。

赡养支出指所调查的家庭住户成员中因承担赡养义务而需要向家中的老人等亲友经常支付现金或者是实物。赡养支出以现金方式支付的应以实际所发生的支出来计量。

其他经常转移支出指除上述经常性支出以外的其他经常性转移支出。例如经常性捐赠支出、经常性赔偿支出、各种罚款，如交通罚款；居民因接受政府机关服务而需要向他们交纳一定的服务费，包括办理身份证应交纳的工本费、向民主社会团体缴纳团费等。

经常性捐赠支出指调查户赠予他人的经常性和带有义务性的现金支出，包括向寺庙的经常性捐款、定期资助贫困学生或贫困地区的款项、个人捐出一定资金帮助某些地区修建公共设施，像水利基金等。但是对于亲朋好友所发生红白喜事所包的礼金等以及过年亲朋好友给小孩的压岁钱等不属于这类支出。经常性支出也应按实际所发生的数额计量。

经常性赔偿支出指调查户向因受到财产损失、人身伤害、精神损失的国家、单位、个人定期支付的赔偿支出，不包括一次性赔偿支出。

自有住房折算净租金指居民居住的房产的所有权为自己所有，最终目的是自己消费，包括居民自己建设住房、从房产商那里购买商品房、其他人或单位等赠与居民的住房、居民从亲人那里继承的住房等，根据该房屋一定的折算比例计算出的折算价格减去相关税费后的所得到的净租金计量。

自有住房折算净租金为一种实物收入，不包括在现金可支配收入的计算中。

7.2 居民财产核算

7.2.1 资产核算

7.2.1.1 金融资产核算

（1）持有现金。

居民的现金主要来自居民的工资、其他劳务收入、接收社会捐赠、国家的转移支付的社会救济和最低生活保障等、以其他财产进行交易所得的资金和继承所得的现金。对于持有现金的核算，其一级账户设置为"持有现金"，资产类账户，以其实际收付的金额记账，借方记录居民持有现金的收到的发生额，贷方记录持有现金付出的发生额。借方余额表明居民期末持有现金数额。

（2）储蓄存款。

核算居民工作单位和其他劳务单位汇到居民银行账户的劳动报酬，以房屋、土地等大宗财产和有价证券等普通财产进行交易转入其账户的交易额，以及通过继承得来的银行账户存款等。为核算居民的储蓄存款，设置一级科目"储蓄存款"进行核算，资产类账户，以储蓄存款实际金额登记入账，借方记录"储蓄存款"增加的发生额，贷方记录"储蓄存款"减少的发生额。借方余额表示居民储蓄存款实有数额。

（3）债券。

核算居民购买的国债和非国债情况。设置"债券"账户，资产类账户，借方记居民购买债券的增加发生额，贷方记债券到期兑现后减少额，借方余额表示居民购买债券还没有到期的数额。

（4）股票。

核算居民购买的股票情况，设置"股票"账户，资产类账户，借方记居民购买股票的增加，贷方记出售债后减少额，借方余额表示居民购买股票数额。

（5）基金。

核算居民购买基金的情况。设置"基金"账户，资产类账户，借方记居民购买基金的增加发生额，贷方记出售后减少额，借方余额表示居民持有基金数额。

（6）银行理财产品。

核算居民购买银行理财产品的情况。设置"银行理财产品"账户，资产类账户，借方记居民购买银行理财产品的增加额，贷方记银行理财产品到期兑现后减少额，借方余额表示居民持有银行理财产品还没有到期数额。

（7）家庭保险。

该项核算居民购买储蓄性保险和投资性保险情况。设置"家庭保险"账户，资产类账户，借方记居民购买家庭保险的增加发生额，贷方记减少额，借方余额表示居民持有家庭保险数额。

（8）外汇。

核算居民购买外汇的情况。设置"外汇"账户，资产类账户，借方记居民购买外汇的增加额，贷方记出售后减少额，借方余额表示居民持有外汇数额。

（9）期货。

核算居民购买期货的情况。设置"期货"账户，资产类账户，借方记居民购买期货的增加额，贷方记出售后减少额，借方余额表示居民持有期货数额。

（10）其他金融资产。

该类是指不能包括在上面的居民金融资产。

7.2.1.2 实物资产核算

（1）房屋。

核算居民拥有房产的情况。设置"房屋"账户，资产类账户，借方记居民购买、继承等房屋的增加额，贷方记出售、转让、赠与等后减少额，借方余额表示居民拥有房产数额。

（2）土地。

核算居民拥有土地使用权的情况。设置"土地"账户，资产类账户，借方记居民拥有土地使用权的增加额，贷方记减少额，借方余额表示居民拥有土地使用权的数额。

（3）车辆。

核算居民拥有车辆的情况。设置"车辆"账户，资产类账户，借方记居民购买拥有车辆的增加额，贷方记出售、报废等后减少额，借方余额表示居民拥有车辆数额。

（4）生产性固定资产。

核算居民拥有生产性固定资产的情况。设置"生产性固定资产"账户，资产类账户，借方记居民拥有生产性固定资产的增加额，贷方记出售、报废等后减少额，借方余额表示居民拥有生产性固定资产实有数额。

（5）耐用消费品。

核算居民拥有的家用电器、家具等耐用消费品情况，设置"耐用消费品"账户，资产类账户，借方记居民拥有的家用电器、家具等耐用消费品的增加额，贷方记减少额，借方余额表示居民拥有的家用电器、家具等耐用消费品数额。

（6）生物财产。

核算居民拥有生物财产的情况。设置"生物财产"账户，资产类账户，借方记居民拥有生物财产的增加额，贷方记减少额，借方余额表示居民拥有生物财产数额。

（7）贵重物品及收藏品。

核算居民拥有贵重物品及收藏品的情况。设置"贵重物品及收藏品"账户，资产类账户，借方记居民贵重物品及收藏品的增加额，贷方记出售后减少额，借方余额表示居民拥有贵重物品及收藏品数额。

（8）其他消费品。

核算居民拥有一般其他消费品的情况。设置"其他消费品"账户，资产类账户，借方记居民其他消费品的增加额，贷方记出售后消费、报废后减少额，借方余额表示居民拥有其他消费品数额。

7.2.1.3 无形资产核算

（1）发明专利。

核算居民发明专利的情况。设置"发明专利"账户，资产类账户，借方记居民发明专利的增加额，贷方记减少额，借方余额表示居民拥有发明专利数额。

（2）非专利技术。

核算居民发明非专利技术的情况。设置"非专利技术"账户，资产类账户，借方记居民发明非专利技术的增加额，贷方记减少额，借方余额表示居民拥有发明非专利技术数额。

（3）版权。

核算居民版权的情况。设置"版权"账户，资产类账户，借方记居民发版权的增加额，贷方记减少额，借方余额表示居民拥有版权数额。

（4）其他无形资产。

核算居民除发明专利、非专利技术、版权以外的无形资产情况。设置"其他无形资产"账户，资产类账户，借方记其他无形资产的增加额，贷方记减少额，借方余额表示居民拥有其他无形资产数额。

7.2.2 负债核算

7.2.2.1 短期债务核算

（1）未付电费。

核算居民应付未付的电费。设置"未付电费"账户，负债类账户，贷方记居民应付未付的电费的增加额，借方记减少额，贷方余额表示居民应付未付的电费数额。

（2）未付水费。

核算居民应付未付的水费。设置"未付水费"账户，负债类账户，贷方记居民应付未付的水费的增加额，借方记减少额，贷方余额表示居民应付未付的水费数额。

（3）未付房租。

核算居民应付未付的房租。设置"未付房租"账户，负债类账户，贷方记居民应付未付的房租的增加额，借方记减少额，贷方余额表示居民应付未付的房租数额。

（4）其他未付款。

核算居民除未付电费、未付水费、未付房租以外的应付未付的家用其他短期债务。设置"其他未付款"账户，负债类账户，贷方记居民其他未付款的增加额，借方记减少额，贷方余额表示居民其他未付款数额。

7.2.2.2 长期债务核算

（1）未付房贷。

核算居民按揭购买房屋而应付未付的房款。设置"未付房贷"账户，负债类账户，贷方记居民应付未付房贷的增加额，借方记支付减少额，贷方余额表示居民应付未付的房贷数额。

（2）未付车贷。

核算居民按揭购买车辆而应付未付的车款。设置"未付车贷"账户，负债类账户，贷方记居民应付未付的车贷的增加额，借方记支付减少额，贷方余额表示居民应付未付的车贷数额。

（3）其他长期未付款。

核算居民按揭购买除房屋、车辆以外如居民购买农具而应付未付的款项。设置"其他长期未付款"账户，负债类账户，贷方记居民其他长期未付款的增加额，借方记支付减少额，贷方余额表示居民其他长期未付款数额。

7.2.3 净资产核算

净资产是指居民的资产减去负债后的差额。

7.2.4 居民财产核算指标体系及核算表

本书沿用会计学中财务报表的资产负债表原理，以及前文对居民各类财产核算的科目设置和确认、计量的说明，制作居民各类财产核算指标体系及居民财产核算表，如表7-1所示。

表 7-1 居民财产核算表

年_____月_____日　　　　　　　单位：元

项目	本期金额	期初金额	项目	本期金额	期初金额
资产：			负债及净资产		
一、金融资产			一、短期债务		
持有现金			未付电费		
储蓄存款			未付税费		
债券			未付房租		
股票			其他未付款		
基金					
银行理财产品					
家庭保险					
外汇					
期货					
其他金融资产					
小　计			小　计		
二、实物资产			二、长期债务		
房屋			未付房贷		
土地			未付车贷		
车辆			其他长期未付款		
生产性固定资产					
耐用消费品					
生物财产					
贵重物品及收藏品					
其他消费品					
小　计			小　计		

续表

项目	本期金额	期初金额	项目	本期金额	期初金额
三、无形资产			三、净资产		
发明专利					
非专利技术					
版权					
其他无形资产					
小　计			小　计		
资产总计			负债及净资产总计		

7.3 居民财产收入核算

居民财产收入核算不同于企业收入核算，但又可以借鉴于企业收入的会计核算。根据前面财产性收入定义，它包括利息收入、股息与红利收入、保险收益、租金收入、知识产权收入以及财产增值收益。而对其下面的各类收入，在其核算中，其各级科目的核算以及确认与计量也具有一定差异。在企业收入的会计核算中，企业收入来源于销售商品所获得收入、提供劳务所获得的收入以及让渡资产使用权所获得的收入。而企业中的让渡资产使用权，是指企业让渡资产使用权所获得的收入，它包括企业对外出租资产收取的租金、进行债券投资收取的利息，进行股权投资收取的现金股利、企业转让无形资产等资产使用权形成的使用费收入。[1]这其实有点类似于居民的财产性收入，因此我们可以借鉴企业收入核算方法对其进行确认与计量、核算。

---

[1] 刘永泽，陈立军. 中级财务会计[M]. 东北财经大学出版社，2009：353.

7.3.1 财产收入的核算基础

现行会计中，会计核算基础有两种：收付实现制和权责发生制。

收付实现制是指以本期实际收付的款项确定为本期收入、费用的标准。凡是本期实际收到的收入与费用款项，无论款项是否属于本期，只要是在本期实际发生，都应列为本期的收入和费用。

权责发生制是指以符合本期收入或费用的确认标准确定本期收入、费用，并不是以款项在本期实际收支作为标准。在权责发生制核算下，只要符合本期确认标准的收入与费用，是属于本期的收入与费用，无论是否在本期实际收到或支出，都应计入本期，只要是不符合本期确认标准的收入与费用，即使已在本期已收到或支出，也不应计入本期。

对于居民的各类财产收入，其会计核算基础也要根据不同类型的收入进行确认。

（1）利息收入的核算基础。

居民所获得的利息收入，包括存款利息、债券利息、银行理财产品利息。无论是一次性获取还是分期获取，企业均应分期计算并确认收入。因此对于居民所获取的利息收入，应当以权责发生制作为其核算基础。在居民的利息收入中，无论是否在本期实际获取，都应计入本期的收入。

（2）股息与红利收入的核算基础。

居民的股息红利收入类似于利息收入，对于股息，董事会会在具体的股利宣告日宣告股利分配政策，居民应当在分派日确认收入。公司发放股利是根据股东的持股比例，将利润的一部分发放给股东，但由于公司经营要受多方面的影响，经营绩效也具有不确定性，因此并不能保证公司每年都有盈利，所以股份公司并不是每年都会发放股息红利，加上各个公司的股息红利政策也有差异，对于居民的股息与红利收入应以实际收到的为准，因此居民的股息红利收入应该以收付实现制为核算基础较为合理。

（3）保险收益的核算基础。

居民所获取的保险收益主要是储蓄性保险，这其实有点类似于银行储蓄，因此居民可以享受利息收入，并同时可以享受每年分红，由于利息与分红的收取时间较为固定，因此类似于利息收入。尽管居民的保险收益包括商业保险和社会保险，特别对于社会保险而言，社会保险会计以参保员工所缴纳的社会保险基金作为会计主体，是希望在以后能够获得保险，因此社保经办机构不能把当期收入与当期支出直接配比，必须将当期收入与未来支出进行折现后再来配比，所以这种特殊的会计主体使得社会保险基金会计的核算基础必然与政府会计不同，因此只能采用权责发生制而不是收付实现制。这同样也适应居民的会计核算，因此对于居民的保险收益以权责发生制为基础比较合理。

（4）租金收入的核算基础。

居民的租金收入应按照合同或协议约定的承租人应付租金的日期进行确认实现。[①]一般而言，居民通过经营性租赁来获得租金收入。因此，对于居民出租房屋等实物资产获取的租金收入，对于该项收入的会计核算基础，应该是接近收付实现制。居民所获得的一次性租金收入，应当直接计入当期收入，而不应分期摊销分期计入；居民分期所获得的收入，则应以实际收到的日期分期计入。

（5）知识产权收入的核算基础。

知识产权作为一种无形资产，具有无形资产的一般特性。居民所获得的知识产权收入一般是转让专利、版权所有权所得到的，一般而言是一次性获得，因此，对于该项收入，在进行会计核算时应以收付实现制更为合理，以转让该资产时实际收到的货币资金计入当期收入。

---

① 《中华人民共和国企业所得税法实施条例》（2008年1月1日实施）第十九条：企业所得税法第六条第（六）项所称租金收入，是指企业提供固定资产、包装物或者其他有形资产的使用权取得的收入。租金收入，按照合同约定的承租人应付租金的日期确认收入的实现。

（6）财产增值收益的核算基础。

当居民在转让其所拥有的财产，如收藏品、房屋、金融性资产等，其溢价所得就属于居民的财产增值收益。对于居民转让财产溢价所得，在确认收入时，应以居民实际所得到的收入计入当期收入，而不再分期计入，因此，对于居民的该项财产收入，以收付实现制作为核算基础更为合理些。

（7）其他财产收入核算基础。

其他财产收入核算基础根据具体收入情况而定。一般采用收付实现制作为核算基础。

7.3.2 财产收入的账户设置及核算

账户设置本身是对会计核算对象进行划分归类的结果。它的目的除了为了加强各种会计核算外，还可以提供各种可比有用的会计资料。对于居民群体，我们可以把它看作一个特殊单位。居民财产性收入，是属于居民收入的一部分。而对于居民各项财产收入账户的设置，我们要确保其具有可比性。对居民财产收入的一级账户的设置，其实是对会计对象初次分配的粗加工。而居民财产收入的二级科目则是在一级科目的基础上再次按照某一标准进行分类形成的，但在设置时要按照谨慎性原则，使其能够反映会计核算的内容。

（1）利息收入的账户设置。

居民所获得的利息收入主要是来自银行存款、购买债券所得、购买银行理财产品以及小额贷款给他人所收取的利息，具体包括存款利息、债券利息、银行理财产品、贷款利息等收入。一般而言，在一个企业会计核算中，"利息收入"通常是作为财务费用的二级科目来核算的，在居民的利息收入核算中，我们可以将"利息收入"作为一个一级科目，它是收入类账户，贷方记各种利息收入的增加，借方记减少，贷方余额表示居民本期利息收入的金额。根据居民利息收入的不同来源，又可以对其进行二级明细科目的设置。例如当居民的利息收入来自银行存款，我们可以在利息收入后面设置一个二级明细科目，即"存款利息"，如果居民的利息收入来源于贷款给其他人，则在利息收入后面设置"借出贷款利息"作为它的二级明细账户，对于居民所获取的债券利息，应将其归入"债券利息"二级明细账户中进行核算，对于居民购买银行理财产品取得的该部分利息收入，应将"银行理财产品利息收入"作为二级明细账户核算。这样可以了解居民每一笔利息收入的详细来源。

（2）股息与红利收入的账户设置。

股息红利，通常是指股份公司在因经营业绩提高获得盈利的年份，在年终结算后，再扣除税收、偿还债务、提取公积金后剩余的利润按股东份额分配给股东作为股息。按照股息红利的表现形式不同，可以分为现金股利、财产股利、负债股利以及股票股利等。不过通常来说，居民的股息红利主要是以现金和股票的形式。根据《中华人民共和国企业所得税法》及其实施条例的规定：企业以货币形式和非货币形式从各种来源取得的收入，为收入总额。[1]投资者通过权益性投资从被投资方获得的以非货币性收入表示的收入，应确认为股息、红利等权益性投资收益。而居民所获得的股息红利收入，主要来自居民投资金融工具所得，因此我们可以把居民的该项收入看作是投资收益的一部分，因此对于该项目的设置，我们可以在居民会计科目表中设置一个"股息与红利收入"作为它的一级科目，它是收入类账户，贷方记各种股息与红利收入的增加，借方记减少，贷方余额表示居民本期股息与红利收入的金额。由于"股票股利"也可以被当作是居民收入，因此笔者认为还可以在股息红利收入下面设置二级明细账户，如果居民收到的是现金股利，则可以以"现金股利"作为二级明细账户，如果居民收到的是股票股利，则可以以"股

---

[1]《中华人民共和国企业所得税法》（2008年1月1日施行）第六条：企业以货币形式和非货币形式从各种来源取得的收入，为收入总额。

票股利"作为二级明细账户。

（3）保险收益的账户设置。

居民所获得的保险收益主要来自储蓄型保险和投资性保险，并且同时居民的这种收益的来源包括保险公司和国家。保险公司的保险属于商业保险，它是自愿性的，具有营利性。而对于居民所拥有的五险，则具有强制性，是国家强制要求的，它属于社会保险。对于居民所获得的保费收益，笔者认为，可设置"保险收益"一级账户进行核算，它是收入类账户，贷方记各种保险收益的增加，借方记减少，贷方余额表示居民本期保险收益的金额。根据参加不同保险的性质、种类设置二级明细账户。对于储蓄型保险，设置"储蓄型保险收入"二级明细账户核算，对于投资性保险，设置"投资性保险收入"二级明细账户核算。根据需要，再按具体的险种设置三级明细账户核算。

（4）租金收入的账户设置。

租金收入是居民按照有关合同或协议约定将其所拥有的某一种或几种资产给他人使用所收取的费用。由于居民在出租过程中并没有把与租赁资产所有权有关的风险与报酬转移给承租方，因此对于其会计处理比较简单，对于其账户我们也可以根据企业或事业单位账户来进行设置。因此，我们可以将居民所获得的租金收入设置"租金收入"一级账户核算。它是收入类账户，贷方记各种租金收入的增加，借方记减少，贷方余额表示居民本期租金收入的金额。下面设置"实物资产租金收入"和"无形资产租金收入"作为两个二级明细账户，如果需要，在"实物资产租金收入"和"无形资产租金收入" 两个二级明细账户下按租金收入来源设置三级明细账户。"实物资产租金收入"下设"房屋租金收入""土地租金收入""车辆租金收入""生产性固定资产租金收入""耐用消费品租金收入""其他实物资产租金收入"六个三级明细账户核算。"无形资产租金收入"下设"发明专利租金收入""非专利技术租金收入""版权租金收入""其他无形资产租金收入"四个三级明细账户核算。这样可使财务报表的使用者更加清楚各项收入的来源。

（5）知识产权收入的账户设置。

知识产权包括专利权、非专利技术、版权等。居民在转让知识产权所有权时，由于居民并不是以转让知识产权作为他们的经营业务，因此应将其所获得的转让收入差价归纳在知识产权收入中。同时，笔者也认为对于该项收入账户的设置，也可以和租金收入的账户设置一样，设置"知识产权收入"作为一个一级账户核算，它是收入类账户，贷方记各种知识产权收入的增加，借方记减少，贷方余额表示居民本期知识产权收入的金额。但我们可以在知识产权收入下再设置二级明细科目核算，即在"知识产权收入"下设"发明专利转让差价收入""非专利技术转让差价收入""版权转让差价收入""其他无形资产转让差价收入"四个二级明细账户核算。

（6）财产增值收益的账户设置。

财产增值收益是指居民通过出售收藏品、转让金融性资产等超过原购买价格的那部分收入，或者是投资于自己并不参与经营的各种经营活动的收入等。对于居民所获得的该项收入，应设置"财产增值收益"一级账户核算。是收入类账户，贷方记各种财产增值收益的增加，借方记减少，贷方余额表示居民本期财产增值收益的金额。"财产增值收益"一级账户下设"金融资产增值收益"和"实物资产增值收益"两个二级账户。"金融资产增值收益"二级账户下还可以设置"股票增值收益""基金增值收益""外汇增值收益""期货增值收益"四个三级明细账户核算。"实物资产增值收益"二级账户下设"金银珠宝增值收益""收藏品增值收益""其他实物资产增值收益"三个三级明细账户核算。

（7）其他财产收入账户设置。

设置其他财产收入账户，核算除利息收入、股息与红利收入、保险收益、租金收入、知识产权收入、财产增值收益以外的财产收入。它是收入类账户，贷方记其他财产收入的增加，借方记减少，贷方余额表示居民本期其他财产收入的金额。

7.3.3 居民财产收入核算指标体系及核算表

根据前文财产收入账户的设置，可得到居民财产收入核算表7-2。

表7-2 财产收入核算表

年_____月_____日　　　　　　　　单位：元

项　目	本期数	本期累计数
一、利息收入		
其中：1. 存款利息		
2. 债券利息		
3. 银行理财产品利息		
4. 借出贷款利息		
二、股息与红利收入		
其中：1. 现金股利		
2. 股票股利		
三、保险收益		
其中：1. 储蓄型保险收入		
2. 投资性保险收入		
四、租金收入		
其中：1. 实物资产租金收入		
（1）房屋租金收入		
（2）土地租金收入		
（3）车辆租金收入		
（4）生产性固定资产租金收入		
（5）耐用消费品租金收入		
（6）其他实物资产租金收入		

续表

项　目	本期数	本期累计数
2．无形资产租金收入		
（1）发明专利租金收入		
（2）非专利技术租金收入		
（3）版权租金收入		
（4）其他无形资产租金收入		
五、知识产权收入		
其中：1．发明专利转让差价收入		
2．非专利技术转让差价收入		
3．版权转让差价收入		
4．其他无形资产转让差价收入		
六、财产增值收益		
其中：1．金融资产增值收益		
（1）股票增值收益		
（2）基金增值收益		
（3）外汇增值收益		
（4）期货增值收益		
2．实物资产增值收益		
（1）金银珠宝增值收益		
（2）收藏品增值收益		
（3）其他实物资产增值收益		
七、其他财产收入		
财产收入总计		

8 政策建议

8.1 调整我国居民财产核算指标体系和居民财产收入核算指标体系

发达国家经验表明，当人均 GDP 超过 2000 美元，居民积累了一定财富后，财产性收入将逐渐成为居民新的重要收入来源之一。我国早在 2007 年就已经实现了人均 GDP 达 2100 美元。自 2007 年我国提出创造条件让更多群众拥有财产性收入后，我国居民（尤其是城镇居民）财产性收入取得了快速发展，但也面临着诸如市场、技术和制度等许多亟待解决的障碍。目前，这些问题已成为制约我国社会经济健康发展及调节社会收入分配差距的重要因素。一国居民财产性收入的高低是该国社会经济发展程度的重要标志，也是社会经济可持续发展的关键。尤其是在中国，地区间社会经济发展不均衡，如何有效提高诸如贵州等中西部欠发达省份的居民财产性收入，是摆在我们面前的一个重要难题。本书提出构建新型居民财产收入核算指标体系，目的也是为了正确核算居民财产收入，对居民财产收入的核算进行监督，实现公平、公开、公正地获取财产性收入，提高和保护我国居民努力创造财产性收入的积极性。针对目前我国居民财产性收入领域存在的问题，本书提出以下政策建议。

8.1.1 调整我国居民财产核算指标体系

居民财产核算指标关系居民财产核算是否合理、是否科学，同时居民财产核算也是居民财产收入核算的基础，设计合理的居民财产核算指标十分重要。我国居民财产核算可以借鉴设计的指标，即居民财产包括资产、负债和净资产。居民资产由金融资产、实物资产、无形资产构成。金融资产包括持有现金、储蓄存款、债券、股票、基金、银行理财产品、家庭保险、外汇、期货、其他金融资产；实物资产包括房屋、土地、车辆、生产性固定资产、耐用消费品、生物财产、贵重物品及收藏品、其他消费品；无形资产包括发明专利、非专利技术、版权、其他无形资产。负债包括短期债务和长期债务。短期债务由未付电费、未付税费、未付房租、其他未付款构成；长期债务由未付房贷、未付车贷、其他长期未付款构成。净资产是资产减去负债的差额。

8.1.2 调整我国居民财产收入核算指标体系

我国居民财产收入核算指标体系是否合理、科学、是否符合我国的国情，关系我国居民财产收入核算，为了政府有关部门掌握我国居民财产收入情况，居民财产收入核算可以借鉴设计的指标，即居民财产收入包括利息收入、股息与红利收入、保险收益、租金收入、知识产权收入、财产增值收益、其他财产收入。利息收入由存款利息、债券利息、银行理财产品利息、借出贷款利息构成。股息与红利收入由现金股利、股票股利构成。保险收益由储蓄型保险收入、投资性保险收入构成。租金收入由实物资产租金收入和无形资产租金收入构成，其中实物资产租金收入又包括房屋租金收入、土地租金收入、车辆租金收入、生产性固定资产租金收入、耐用消费品租金收入、其他实物资产租金收入；无形资产租金收入又包括发明专利租金收入、非专利技术租金收入、版权租金收入、其他无形资产租金收入。知识产权收入由发明专利转让差价收入、非专利技术转让差价收入、版权转让差价收入、其他无形资产转让差价收入构成。财产增值收益由金融资产增值收益和实物资产增值收益构成，其中金融资产增值收益又包括股票增值收益、基金增值收益、外汇增值收益、期货增值收益；实物资产增值收益又包括金银珠宝增值收益、收藏品增值收益、其他实物资产增值收益。其他财产收入是不能包括在上述居民财产收入项目内的其他居民财产收入。

8.2 提高我国居民财产性收入措施

8.2.1 提高初次分配中劳动收入所占的比重

收入水平的高低直接决定了家庭经济结构构成，也直接影响到居民财产及财产性收入的再生能力。为此，必须努力采取措施提高在职职工的工薪收入，从而提高初次分配中劳动收入所占的比重，稳定收入增长率，为增加居民财产性收入提供物质条件。

（1）建立完善企业职工工薪正常增长机制。

首先，要按照十八届三中全会的要求进一步完善我国现代企业产权制度。现代企业产权制度是实现企业职工工薪收入正常增长的根本制度保障。白暴力（2007）[①]曾指出，我国现阶段古典企业产权制度条件下的劳动工资由劳动力市场决定是造成我国工资长期增长缓慢、初次劳动报酬比重偏低的重要原因。古典企业产权制度的最大弊病就是由生产资料所有权决定其他所有经济权利，这直接导致企业主为单一追求企业利润而侵蚀职工工资。当前，我国仍有一些个体私营企业、家族企业等非公有制企业实行着古典企业产权制度，在劳动力市场中人为压低职工工资。劳动者的积极性被打压，既不利于企业的长期发展，也不利于职工工薪的正常增长。而现代企业产权制度是企业收入分配权、支配权、转让权、剩余索取权、经营决策权等一系列权利的优化配置，是实现企业财富由

---

① 白暴力，丛丽. 建立现代产权制度，解决消费需求不足[J]. 经济经纬，2007（02）：1-4+23.

企业所有者和职工共享的合作机制。

其次,提高职工最低工资标准,建立必要的政府指导下的工资市场定价机制。在当前我国尚存古典企业产权制度和职工工薪立法体系还未健全的情况下,加强政府对劳动力市场非法侵占职工权益现象的管控具有重要意义。所以,政府应当根据市场经济的发展情况和各行业的营利水平差异,适时提高职工最低工资分类标准,建立健全合理的政府指导下的工资市场定价机制。在企业盈利水平快速发展的条件下,保证必要合理的职工工资增长率。

最后,加强工会建设,真正发挥推动工资集体协商制度建设的作用。工资集体协商制度是当前协调劳资关系,缓解工人与雇主间矛盾的一种有效方式。在雇主处于劳动力市场优势的条件下,对于工会组织健全的大中型企业,应当通过工会凝聚工人力量,就工时、工资及劳保等劳资关系问题积极与雇主展开谈判协商。对于工会组织力量薄弱甚至没有工会组织的小型个体私营企业,为了避免增加交易成本导致谈判失败,有必要引入政府等外部力量,采取协商外部化,保护职工工资利益。

(2)建立健全职工工资支付保障机制。

党的十七大报告指出要建立支付保障制度,保障劳动者权益。目前,保障方式主要有两种:一种是政府通过行政手段帮助劳动者索要劳动工资;另一种是设立相关制度,从制度和政策上保证工资支付。而前者是目前采用较多的一种方式。这说明了我国目前在劳动者工资支付保障方面的法律制度建设稍显滞后。相较于法律制度而言,政府的行政干预具有政策的随意性和不可持续,缺乏严肃规范权威的法律制度建设,既不利于长期有效地保障劳动者权益,也不利于市场经济法制建设。

(3)不断提高劳动者的科学文化素质教育。

要不断提高劳动者的收入水平,除了加强企业产权制度建设、建立健全职工工资支付的政策法律保障机制外,不断提高劳动者自身的科学文化素质教育,尤其是加强劳动者的职业技能教育显得更为重要。只有大力加强人力资本投入,建设一支具有高技能、高文化、高理念的劳动大军,才能在不断推动我国社会经济发展的同时,实现居民收入的快速提高,这也是增加居民财产性收入的根本之策。尤其是金融危机爆发后,我国企业转型升级不断加快,更需要更多具有专业技能的劳动者。

8.2.2 增加居民财产性收入的金融支持

(1)构建多层次资本市场体系。

建立和完善既包括全国性资本市场又包括区域性资本市场,既包括股票市场又包括债券市场和基金市场,既包括主板市场又包括创业板市场和场外交易市场等多层次资本市场体系,努力拓宽投资者的投资渠道,使居民获取更多增加财产性收入的有效途径。

(2)完善中小投资者权益保护机制,加强金融监管力度。

在我国证券市场,中小投资者规模增长迅速。但由于信息不对称,中小投资者由于在资金、信息等方面处于劣势而自身权益被损害的现象屡见不鲜。利用各种媒体加强社会公众投资者的教育宣传工作固然很重要,但通过法制建设的不断完善各种有可能损害中小投资者权益的漏洞,运用法律法规规范证券市场的经济秩序才能有效地避免中小投资者的合法权益受到侵占。这既是保护中小投资者来之不易的财产性收入的需要,也是全民共享改革发展成果的应有之义。例如,制定直接保护中小投资者权益的法律法规,明确各方的权利与义务;完善金融机构市场的准入与退出机制;依法保障投资者在证券民事诉讼案中切实获取经济赔偿,避免出现"司法白条";转变金融监管理念和监管方式,创新和完善金融监管方式,提高监管透明化和监管效率等。

(3)创新金融产品服务。

针对不同年龄层,不同收入层,不同地区的消费群体,树立"以客户需求为核心"的理念,因地制宜地创新适合当地居民消费需求的各类金融产品。当前，我国正处于经济转型期和居民收入快速增长期，各地区间经济发展水平差异也较大，各项社会经济改革也在不断走向纵深，所以蕴藏着巨大的商机。通过细化市场、细化客户、差异化选择，不断鼓励金融创新，既有利于金融机构盈利水平提高，也为快速多渠道增加居民财产性收入提供了更多的金融支持。

（4）加强培养专业素质较高的投资理财人员。

目前，我国尤其是像贵州等中西部欠发达省份，十分缺乏专业素质较高且具一定规模的投资理财人员。未来，一方面要大力加强本土高校的投资理财人才培养工作，同时又要大力引进外部高端人才，加强相关从业人员专业知识和技能的培训，提高其综合业务素质，引入注册理财规划师的资格认证制度，严格制定个人投资理财的行业规范和准则，建立科学、合理、高效的考评机制。

8.2.3 建立公平、公正、公开的投资政策环境，保护居民投资积极性，获取更多的财产性收入

（1）完善公平的税收政策体系。

增加居民收入，缩小收入分配差距，提高居民财产性收入，离不开一套公平的税收政策体系。税收调节的主要对象是高收入群体，通过开征财产税、遗产税、赠与税，调节个人所得税起征点等调节过高收入，可以避免社会财富分配过度集中，缩小收入分配差距，使得大多数居民尤其是中低收入阶层有财可理。一方面，我国长期以来对高收入者的个税征管不力。另一方面，虽然个税起征点从最初的800元提高到5000元，但工薪阶层仍然是主要的纳税对象。加上目前国内通货膨胀和购房还贷压力大等原因，使得中低收入阶层的生活成本偏高，难以有富余的资金进行财产性投资。此外，遗产税、财产税、电子商务税等虽几经讨论，却仍难以在全国形成完备的法律体系。这使得税收不公在一定程度上造成了收入分配差距，从而也抑制了居民财产性收入的可持续快速增长。

（2）完善社会保障制度。

随着我国政府多年来对完善覆盖城乡的社会保障制度的重视，我国社会保障制度建设取得了重要成就，总体上基本实现了覆盖全国范围的社会保障制度建设。但是，这种保障制度仍然存在许多问题。以城市先行社会保障制度为例，目前主要存在以下问题：一是尚未将以农民工等灵活就业人群很好地纳入城市社会保障体系。二是缺乏对地方政府社会保障基金运营的监管措施。在中央政府财政补贴的社会保障基金下发到地方政府后，缺乏规范的责任约束机制，致使部分社保基金账户变成呆账、坏账。三是城市间管理标准无法有效衔接。我国目前的社保基金实行的是区域化管理，各地区的管理标准不一，虽有其有利的一面，但却也在一定程度上阻碍了劳动力的跨地区流动。四是社保基金缺口逐渐显现。随着我国老龄化人口趋势不断加深和国企、集企改制深化，领取养老金和失业保险金的人数将不断增加，而国有资本经营预算制度又尚未规范且存在国有资本经营预算和社保基金预算关系争议等其他问题，社保基金缺口逐渐加大。五是我国的社会保障立法还不够完善。目前相关内容主要是分散在各地方性法规和政府文件中，还未形成全国性的社会保障立法。六是目前我国的社保基金运营机制还存在诸多问题，滥征、漏缴、缺乏全面规划和系统监督、社保基金预算制度还不完善等问题仍然存在。

此外，金融危机对我国经济的负面影响日益加深，物价上涨过快，房价又居高不下，各种生活成本较高。综合影响下，使得广大的中低收入阶层不得不考虑未来不可预期的风险因素而抑制了当前的财产性投资欲望。

（3）建立合法财产的申报制度。

要建立合法财产的申报制度，需要明确财产权的确定和财产核算制度两个问题。虽然我国的《宪法》《物权法》《民法通则》都对私人的合法财产做了明确规定，但在实际执行过程中，我国仍然存在私人财产界定不清楚和私人合法财产权难以得到有效维护的问题。因此，首先需要国家在已经法律法规的条件下出台更多切合实际的规章制度对居民的私人合法财产加以明确和保护。其次，是要构建切合实际的财产核算制度体系，为财产申报核算制度奠定基础。通过本书构建的居民财产及财产收入核算指标体系，可以为构建居民合法财产的申报制度提供一定的基本统计数据。同时，通过构建合法财产的申报制度，也可以一定程度上避免各种偷税漏税、走私贩私、进行非法交易、贪污受贿和以权谋私造成的非法收入、非正常收入，为居民进行财产投资提供公平的制度环境。

附录 1

表 号：国统基 208 表
制表机关：国家统计局
文号：(85) 统城调字 338 号

表 1 城市住户基本情况和现金收支调查表

单位 _____
组别 _____ 一九八____年第____季度

省、市、县编号	分组编号

	代号	金额（元）
一、期初手中现金	201	
二、全部收入	202	
其中：生活费收入	203	
1. 全民所有制职工工资	204	
（1）标准工资	205	
（2）浮动工资		
（3）承包收入		
（4）各种奖金、超额工资		

	代号	金额（元）
3. 职工从单位得到的其它收入		
其中：生活困难补助		
4. 个体劳动者收入		
5. 其他劳动收入		
6. 退休人员收入		
其中：补差收入		
7. 赡养收入		

	代号	金额（元）
5. 其它		
四、实际支出		
1. 生活费支出		
2. 赡养支出		
3. 其他支出		
4. 储蓄借贷支出		
五、存入储蓄款		
1. 存入储蓄款		
2. 存入储金会款		
3. 归还借款		

续表

	代号	金额（元）		代号	金额（元）		代号	金额（元）
（5）各种津贴			8. 赠送收入			4. 借出款		
（6）其他			9. 出售财物收入			5. 其他		
2. 集体所有制职工工资			10. 亲友搭伙费			六、期末手中现金		
（1）标准工资			11. 记账补贴			附表：本组最高户人均月收入		
（2）浮动工资			12. 其他收入					
（3）承包收入			三、储蓄借贷收入					
（4）各种奖金、超额工资			1. 提取储蓄存款					
（5）各种津贴			2. 提取储蓄金会款					
（6）其他			3. 借入款					
			4. 收回借出款					

表2 城市住户基本情况和现金收支调查表

表　号：国统基208表
制表机关：国家统计局
文号：(85)统城调字(1987)452

城户综1表

单位____
组别____　一九八____年第____季度

省、市、县编号	分组编号	

	代号	金额（元）
调查户数（略）		
现金收支情况		
一、期初手中现金	201	
二、现金收入	202	
（一）实际收入	203	
其中：生活费收入	204	
1.全民所有制职工工资	205	
（1）标准工资		
（2）浮动工资		
（3）承包工资		
（4）各种奖金、超额工资		

	代号	金额（元）
（5）各种津贴		
（6）其他工资性收入		
3.职工从单位得到的其它收入		
4.个体经营劳动者收入		
（1）个体业主和自营者的生产经营净收益		
5.被聘用或雇用的个体被雇者收入		
6.离退休人员收入		
7.其他就业者收入		
8.其他劳动收入		
9.财产性收入		
（1）利息		

	代号	金额（元）
（3）价格补贴		
（4）其他转移性收入		
10.特别收入		
（1）赠送收入		
（2）来友搭伙费		
（3）记帐补贴		
（4）出售财物收入		
（5）其他特别收入		
（二）借贷收入		
1.提取储蓄存款		
2.提取储蓄		
3.借入款		
4.收回借出款		
5.收回储蓄性保险本金		

续表

	代号	金额（元）		代号	金额（元）		代号	金额（元）
（5）各种津贴			（2）红利			6. 兑现有价证券		
（6）其他工资性收入			（3）其他财产租金收入			7. 赊购		
2. 集体所有制职工工资			9. 转移性收入			8. 为购买房屋从银行贷款		
（1）标准工资			（1）赡养收入			9. 其他借贷收入		
（2）浮动工资			（2）离退休金					
（3）承包收入								
（4）各种奖金、超额工资								

表3 城市住户现金收支调查表

表号：W102、302、402表
制表机关：国家统计局
文号：国统字（1994）234号

省、市、县编号 □□ 分组编号 □□

单位____ 组别____ 199 年度

甲	计量单位 乙	序号 丙	代码 丁	总计 1	按家庭人均生活费收入分组						
					最低收入 2	低收入 3	中等偏下 4	中等收入 5	中等偏上 6	高收入 7	最高收入 8
一、期初手存现金											
二、可支配收入											
三、现金收入											
（一）实际收入											
其中：生活费收入											
1. 全民所有制职工工资											
（1）计时工资											
（2）计件工资											
（3）奖金											
（4）津贴和补贴											
（5）加班加点下支付的工资											
（6）特殊情况下支付的工资											
2. 集体所有制职工工资											
（1）计时工资											

续表

甲	计量单位	序号	代码	总计	按家庭人均生活费收入分组						
					最低收入	低收入	中等偏下	中等收入	中等偏上	高收入	最高收入
	乙	丙	丁	1	2	3	4	5	6	7	8
（2）计件工资											
（3）奖金											
（4）津贴和补贴											
（5）加班加点工资											
（6）其他情况下支付的工资											
其中：全民所有制职工全部收入											
4.全民集体职工从单位得到的其他收入											
5.个体经营者净收益											
6.个体被雇者收入											
7.离退休再就业人员收入											
8.其他就业者收入											
9.其他劳动收入											
10.财产性收入											
（1）利息											
（2）红利											
（3）其他财产租金收入											
11.转移性收入											

续表

甲	计量单位	序号	代码	总计	按家庭人均生活费收入分组						
					最低收入	低收入	中等偏下	中等收入	中等偏上	高收入	最高收入
	乙	丙	丁	1	2	3	4	5	6	7	8
（1）离退休金											
（2）价格补贴											
（3）赡养收入											
（4）赠送收入											
（5）来支搭伙费											
（6）记账补贴											
（7）出售财物收入											
（8）其他											
12.家庭副业生产收入											
（二）借贷款收入											
1.提取储蓄存款											
2.提取储蓄金会款											
3.借入款											
4.收回借出款											
5.收回储蓄保险本金											
6.兑现有价证券											
7.赊购											
8.为购买房屋从银行贷款											
9.其他借贷收入											
四、现金支出（略）											

表 4 城市住户现金收支调查表

表　号：W102、302、402 表
制表机关：国家统计局
文　号：国统字（1996）230 号

单位 _____
组别 _____ 199 年度

省、市、县编号			分组编号	

甲	计量单位 乙	代码 丙	序号 丁	总计 0	按家庭人均生活费收入分组						
					最低收入 1	低收入 2	中等偏下 3	中等收入 4	中等偏上 5	高收入 6	最高收入 7
一、期初手存现金											
二、可支配收入											
三、现金收入											
（一）实际收入											
1. 国有经济单位职工收入											
（1）工资性收入											
其中：奖金											
（2）非工资性收入											
2. 集体经济单位职工收入											
（1）工资性收入											
其中：奖金											
（2）非工资性收入											
3. 其他各种经济类型单位职工全部收入											

续表

	计量单位	序号	代码	总计	按家庭人均生活费收入分组						
					最低收入	低收入	中等偏下	中等收入	中等偏上	高收入	最高收入
甲	乙	丙	丁	0	1	2	3	4	5	6	7
其中：奖金											
4. 个体经营者净收益											
5. 个体被雇者收入											
6. 离退休再就业人员收入											
7. 其他就业者收入											
8. 其他劳动收入											
9. 财产性收入											
（1）利息											
（2）红利											
（3）其他财产租金收入											
10. 转移性收入											
（1）离退休金											
（2）价格补贴											
（3）赡养收入											
（4）赠送收入											
（5）亲友搭伙费											
（6）记账补贴											
（7）出售财物收入											
（8）其他											

续表

甲	计量单位	序号	代码	总计	按家庭人均生活费收入分组						
					最低收入	低收入	中等偏下	中等收入	中等偏上	高收入	最高收入
	乙	丙	丁	0	1	2	3	4	5	6	7
11. 家庭副业生产收入											
(二)借贷收入											
1. 提取储蓄存款											
2. 提取储金会会款											
3. 借入款											
4. 收回借出款											
5. 收回储蓄性保险本金											
6. 兑现有价证券											
7. 赊购											
8. 为购买房屋从银行贷款											
9. 其他借贷收入											
四、现金支出(略)											

表5 城市居民家庭现金收支调查表

表 号：W105表 W204表
制表机关：国 家 统 计 局 地区编码
文 号：国统字（2001）55 号 户编码
计量单位：元

200　年　月

项目	汎器代码	变量名称	金额
甲	丙	丁	1
现金收支情况 一、期初手存现金 二、家庭总收入 其中：可支配收入 （一）工薪收入 1. 工资及补贴收入 2. 其他劳动收入 （二）经营净收入 （三）财产性收入 1. 利息收入 2. 股息与红利收入 3. 保险收益 4. 其他投资收入 5. 出租房屋收入 6. 知识产权收入 7. 其他财产性收入	略	略	

193

续表

项目	机器代码	变量名称	金额
甲	丙	丁	1
（四）转移性收入			
1. 养老金或离退休金			
2. 社会救济收入			
3. 辞退金			
4. 赔偿收入			
5. 保险收入			
其中：失业保险金			
6. 赡养收入			
7. 捐赠收入			
8. 亲友搭伙费			
9. 提取住房公积金			
10. 记账补贴			
11. 其他转移性收入			
三、出售财物收入			
1. 出售住房收入			
2. 出售其它物品收入			
四、借贷收入			
1. 提取储蓄存款			
2. 借入款			
3. 收回借出款			

续表

项目	机器代码	变量名称	金额
甲	丙	丁	1
4. 收回储蓄性保险本金			
5. 兑售有价证券			
6. 收回投资本金			
7. 住房贷款			
8. 汽车贷款			
9. 教育贷款			
10. 其他贷款			
11. 其他借贷收入			
五、家庭总支出（略）			

表 6 居民可支配收入

表　号：Y702 表 W204 表
制表机关：国家统计局
文号：国统字[2012]54 号
有效期至 2014 年 2 月

综合机关名称：　　　　　20　　年　　　　　　　　　　　　　　计量单位：元/人

指标名称	代码	金额	指标名称	代码	金额
甲	乙		甲	乙	
可支配收入			四、转让净收入（=转移性收入-转移性支出）		
一、工资性收入			（一）转移性收入		
（一）工资			1. 养老金或离退休金		
（二）实物福利			2. 社会救济和补助		
（三）其他			3. 政策性生活补助		
二、经营净收入			4. 报销医疗费		
（一）第一产业净收入			5. 农村外出从业人员寄回带回收入		
其中：惠农补贴			6. 赡养收入		
1. 农业					

续表

指标名称	代码	金额	指标名称	代码	金额
甲	乙		甲	乙	
可支配收入			7. 其他经常转移收入		
2. 林业			(二) 转移性支出		
3. 牧业			1. 个人所得税		
4. 渔业			2. 社会保障支出		
5. 农林牧渔服务业			3. 农村外来从业人员寄给家人的支出		
(二) 第二产业净收入			4. 赡养支出		
(三) 第三产业净收入			5. 其他经常转移支出		
三、财产净收入			五、自有住房折算租金		
(一) 利息净收入					
(二) 红利收入					
(三) 储蓄性保险净收入					
(四) 转让承包土地经营权租金净收入					
(五) 其他					

197

表 7 居民现金可支配收入

表　号：Y711表
制表机关：国家统计局
文　号：国统字[2012]54号
有效期至 2014 年 2 月

综合机关名称：　　　　　　20　　年　　　　　　　　　　　　　　　　　　　计量单位：元/人

指标名称	代码	金额	指标名称	代码	金额
甲	乙		甲	乙	
现金可支配收入			四、现金转让净收入（＝转移性收入－转移性支出）		
一、工资性收入			（一）转移性收入		
（一）工资			1. 养老金或离退休金		
（二）实物福利			2. 社会救济和补助		
（三）其他			3. 政策性生活补助		
二、现金经营净收入			4. 报销医疗费		
（一）第一产业净收入			5. 农村外出从业人员寄回带回收入		
其中：惠农补贴			6. 赡养收入		
1. 农业					

续表

指标名称	代码	金额	指标名称	代码	金额
甲	乙		甲	乙	
现金可支配收入			7. 其他经常转移收入		
2. 林业			(二) 现金经常转移性支出		
3. 牧业			1. 个人所得税		
4. 渔业			2. 社会保障支出		
5. 农林牧渔服务业			3. 农村外来从业人员寄给家人的支出		
(二) 第二产业净收入			4. 赡养支出		
(三) 第三产业净收入			5. 其他经常转移支出		
二、现金财产净收入					
(一) 利息净收入					
(二) 红利收入					
(三) 储蓄性保险净收入					
(四) 转让承包土地经营权租金净收入					
(五) 其他					

表 8 记账项目

编码	记账项目	计量单位	录入控制码	编码	记账项目	计量单位	录入控制码
略	第一部分 农业生产经营（略）	略	略	略	（三）政策性补贴	略	略
	第二部分 现金收入（不含农业生产经营）				1. 政策性生产补贴		
	一、（一）工资性收入				粮食直接补贴		
	1. 按月发放的工资（含奖金、津贴）				购置和更新大型农机具补贴		
					良种补贴		
	补发工资				购买生产资料综合补贴		
	3. 不按月发放的奖金、津贴、过节费等				退耕还林还草补贴		
					畜牧业补贴		
	（二）其他				其他生产补贴		
	1. 辞退金				2. 政策性生活补贴		
	2. 自由职业劳动所得（如稿费、翻译费）				家电补贴		
	3. 安家费						

续表

编码	记账项目	计量单位	录入控制码	编码	记账项目	计量单位	录入控制码
	4. 股票期权				能源补贴		
	5. 单位或雇主实物福利报销所得				其他生活补贴		
	6. 其他劳动所得				（四）报销医疗费		
	二、非农业生产经营收入				（五）农村外出从业人员寄回带回收入		
	（一）采矿业				（六）赡养收入		
	（二）制造业				（七）其他经常转移收入		
	（三）电力、热力、蒸气及水生产和供应业				1. 失业保险金		
	（四）建造业				2. 经常性捐赠收入		
	（五）批发和零售业				3. 经常性赔偿收入		
	（六）交通运输、仓储和邮政业				4. 其他转移收入		
	（七）住宿和餐饮业				五、非收入所得		
	（八）房地产业				（一）出售资产所得		
	1. 出租房屋收入				1. 出售住房本金所得		

201

续表

编码	记账项目	计量单位	录入控制码
	2. 其他房地产业收入		
	(九) 租赁和商务服务业		
	1. 出租机械设备、专利权、版权等非房屋资产的收入		
	2. 其他租赁和商务服务收入		
	(十) 居民服务、修理和其他服务业		
	(十一) 其他		
	三、财产性收入		
	(一) 利息收入		
	(二) 红利收入		
	1. 集体分配的红利		
	2. 其他分配的红利		
	(三) 储蓄性保险净收入		
	(四) 转让承包土地经营权租金净收入		
	2. 出售住房溢价所得(含亏损)		
	3. 出售股票、基金、收藏品本金所得		
	4. 出售股票、基金、收藏品溢价所得(含亏损)		
	5. 出售生产性固定资产所得		
	6. 拆迁征地补偿所得		
	7. 出售其他财物和收回其他投资本金非经常性转移所得		
	(二) 非经常性转移所得		
	1. 博彩所得		
	2. 婚嫁娶礼金所得		
	3. 遗产及一次性馈赠所得		
	4. 一次性补偿所得		
	5. 提取住房公积金		
	6. 调查补贴		

续表

编码	记账项目	计量单位	录入控制码	编码	记账项目	计量单位	录入控制码
	（五）其他转移性收入				7. 其他非经常性转移所得		
	四、转移性收入				（三）其他非收入所得		
	（一）养老金或离退休金				六、借贷性所得		
	1. 离退休人员养老金				（一）提取储蓄存款		
	2.（城镇）居民社会养老保险				（二）借入款		
	3. 新型农村社会养老保险				（三）收回借出款		
	4. 其他养老金				（四）收回储蓄性保险本金		
	（二）社会救济和补助				（五）住房贷款		
	1. 最低生活保障费				（六）汽车贷款		
	2. 五保户救助				（七）教育贷款		
	3. 扶贫款				（八）其他贷款		
	4. 救灾款				（九）其它借贷所得		
	5. 定期发放的抚恤金						
	6. 其他社会救济收入						

203

附录 2

贵州省居民财产及收入状况调查问卷

被调查者：

您好！我们是贵州大学经济学院居民财产状况调查课题组，下面是一份调查问卷，请您协助我们完成，我们保证将依照《统计法》的相关规定，对您的所有信息保密，所有信息将只用于学术研究，不做其他用途。本课题以家庭为单位，请您填写您的家庭信息。谢谢！

问卷填答说明：请在所选择选项后的"□"内划"√"，或者在横线上填适当的文字、数据。除特别说明外，回答问题为单选。

被调查人员姓名_____调查地点_____市_____县_____社区（乡镇），电话_____

一、基本信息调查

1. 您的所处城市：① 毕节□　　② 贵阳□
   　　　　　　　③ 遵义□　　④ 其他□_____

2. 您是：① 城镇居民□　② 农村居民□

3. 您的性别：① 男□　② 女□

4. 您的年龄：① 20 岁以下□　② 20~44 岁□
   　　　　　③ 45~59 岁□　④ 60 岁及以上□

5. 您工作的单位属于以下哪种类型：
① 企业□　　　　② 事业单位□
③ 机关团体□　　④ 个体从业人员□

6.您在单位中是：

① 单位负责人□　② 专业技术人员□　③ 办事人员和有关人员□

7. 您的学历：

① 高中□　　　　② 专科□　　　　③ 本科□

④ 硕士□　　　　⑤ 其他□

8. 您所获得的学位属于：

① 理工类□　　　② 社会学□　　　③ 管理类□

④ 文史类□　　　⑤ 经济类□

⑥ 商学类□　　　⑦其他□

9. 您的家庭人口（不包括已成家子女）：_____人

10. 您对家中财产投资的处理能力：

① 由我全权负责□　　　　　　② 我有部分发言权□

③ 我是重要决策者之一□　　　④ 我毫不关心家中投资□

11. 您是否有金融知识学习、培训：

① 有□　　　　② 没有□

二、资产配置调查

12. 您家庭是否有债务：

① 有□ _____　　② 无□

13. 您家庭拥有几处房产：

① 1 处□　　　　　　② 2 处□

③ 3～5 处□　　　　 ④ 5 处及以上□

14. 您家庭财产状况：

① 10 万元以下□　　　　　② 10 万元～40 万元□

③ 40 万元～70 万元□　　　④ 70 万元～100 万元□

⑤ 100 万元～150 万元□　　⑥150 万元～200 万元□

⑦ 200 万元～250 万元□　　⑧250 万元以上□

15. 您家庭财产构成包括：(可多选)

① 储蓄□　　　　② 房地产□　　　　③ 贵金属□

④ 基金、股票、期货□　⑤ 保险□　　　　⑥ 外汇□

⑦ 国债、银行理财产品□　⑧ 收藏□　　　⑨ 其他□：＿＿

16. 您家庭财产构成比重为：（与15题对应，请填写百分比）

① 储蓄＿＿＿＿＿＿＿　　　　② 房地产＿＿＿＿＿＿＿

③ 贵金属＿＿＿＿＿＿＿　　　④ 基金、股票、期货＿＿＿＿＿

⑤ 保险＿＿＿＿＿＿＿　　　　⑥ 外汇＿＿＿＿＿＿＿

⑦ 国债、银行理财产品＿＿＿＿＿＿＿　⑧ 收藏＿＿＿＿＿＿＿

⑨ 其他＿＿＿＿＿＿＿

提示：比重保证加起来为100%。

三、投资及收入调查

17. 您进行投资理财的目的是，按重要程度排序：＿＿＿＿＿＿＿＿

① 战胜通胀、资产保值　　　② 资产增值、提高生活水平

③ 为了购买耐用消费品的储蓄　　④ 为了子女教育及未来打算

⑤ 养老

18. 你对理财产品获知的渠道是：(可多选)

① 客户经理推荐□　　　② 同事朋友推荐□

③ 媒体广告□　　　　　④ 自我探究□　　　　⑤ 其他□＿＿＿＿＿＿＿

19. 您家庭平均年收入大约为：

① 5万元以下□　　　　　　② 5万元~10万元□

③ 10万元~20万元□　　　　④ 20万元~30万元□

⑤ 30万元~40万元□　　　　⑥ 40万元~50万元□

⑦ 50万元~60万元□　　　　⑧ 60万元以上□

20. 您家庭平均年收入构成包括：（可多选）

① 工资（含退休金，生产经营收入）□　　② 租金□

③ 银行利息□　　　　　　　　　　　　　④ 基金、股票、期货□

⑤ 国债、银行理财产品□ ⑥ 贵金属□

⑦ 外汇□ ⑧ 其他□_____

21. 您家庭平均年收入构成比重为：（与20题对应，请填写百分比）

① 工资（含退休金，生产经营收入）_____ ② 租金_____

③ 银行利息_____ ④ 基金、股票、期货_____

⑤ 国债、银行理财产品_____ ⑥ 贵金属_____

⑦ 外汇_____ ⑧ 其他_____

提示：比重保证加起来为100%。

22. 到2014年为止，您家庭是否从事以下投资，大概有多少年了？(请在横线上填写参与各类产品投资的年限，没有涉及请填0，可多选)

① 储蓄_____ ② 房地产_____

③ 贵金属_____ ④ 基金、股票、期货_____

⑤ 保险_____ ⑥ 外汇_____

⑦ 国债、银行理财产品_____ ⑧ 收藏_____

⑨ 其他_____

23. 您家庭每年用于投资的资金占总收入的百分比：

① 10%以下□ ② 10%~20%□

③ 20%~50%□ ④ 50%~80%□

⑤ 80%以上□

24. 到目前为止您在投资中的收益状况是：

① 收益大于预期□ ② 收益符合预期□

③ 收益小于预期□ ④ 略有亏损□

⑤ 亏损大于预期□

25. 如果您要调整您的投资组合，您将会如何调整？您的投资重点将放在：（可多选）

① 储蓄□ ② 房地产□ ③ 贵金属□

④ 基金、股票、期货□　　⑤ 保险□
⑥ 外汇□　　　　　　　⑦ 国债、银行理财产品□
⑧ 收藏□　　　　　　　⑨ 其他□：_____
调查人员姓名：_____调查时间_____年____月____日

参考文献

[1] Commission of the European Communities, International Monetary Fund, Organisation for Economic Cooperation and Development, United Nations, World Bank. System of National Accounts 2008 [M]. Printed at the United Nations, New York, 2009.

[2] FRIEDMAN M. Capitalism and freedom[M]. Chicago: University of Chicago press, 1962.

[3] MAURIEE LVEN. Income in the Various States: its sources and distribution, 1919, 1920, and 1921[J].National Bureau of Economic Research, 1925.

[4] MADISON, J.Property[A].InG.Hunt(ed.)TheWritingsofJamesMadison. Vol.6: 1790—1802[C].New York: G. P. Putnam's Sons, The Nickerbocker Press, 1906.

[5] ROBERT J. LAMPMAN, The Share of Top Wealth-Holders in National Wealth, 1922-1956[M]. Princeon University Press, 1962.

[6] 白暴力. 让城乡居民收入稳步增长——为什么要深化收入分配制度改革[M]. 北京：人民出版社，2008.

[7] 白暴力. 让城乡居民收入稳步增长—为什么要深化收入分配制度改革[M]. 北京：人民出版社，2008：73.

[8] 布尔什维克. 财产性收入及其条件[J]. 商业文化，2007（11）.

[9] 曾为群. 分配、金融制度与居民财产性收入增长[J]. 湖南社会科学，2008（2）：127-130.

[10] 陈华. 我国城镇居民财产性收入与人均总收入关系分析[J]. 科技广

场，2012（8）：198-200.

[11] 陈建东等. 我国城镇居民财产性收入的研究[J]. 财贸经济，2009（1）：65-70.

[12] 陈经苏. 增加居民财产性收入的路径探索与风险规避[J]. 福州党校学报，2009（2）.

[13] 陈晓枫. 中国居民财产性收入理论与实践研究[D]. 福建师范大学，2009.

[14] 陈宗胜. 倒 U 曲线的"阶梯形"变异[J]. 经济研究，1994（5）：55-59+33.

[15] 程国栋. 我国农民的财产性收入问题研究[D]. 福建师范大学，2005.

[16] 程学斌，陈铭津. 城镇居民家庭财产性收入研究[J]. 统计研究，2009（1）：11-19.

[17] 迟巍，蔡许许. 城市居民财产性收入与贫富差距的实证分析[J]. 数量经济技术经济研究，2012（2）：100-112.

[18] 大卫·李嘉图. 政治经济学及赋税原理（第 1 版）[M]. 北京：华夏出版社，2005.

[19] 邸晶鑫. 现阶段如何创造条件提高居民财产性收入[J]. 兰州学刊，2009，（5）.

[20] 丁俊峰. 农村金融制度建设重在服务[N]. 南方日报，2008-10-29.

[21] 恩格斯. 马克思恩格斯选集(第 3 卷)[M]. 北京：人民出版社，1995.

[22] 范从来，董书辉. 金融危机、收入结构与经济波动[J]. 经济学家，2009（12）：61-69.

[23] 冯春安. 资产性收入不等于剥削性收入[J]. 内部文稿，2002（6）：6-8.

[24] 高鸿业. 西方经济学（宏观部分）（第 5 版）[M]. 北京：人民出版社，2014.

[25] 高敏雪，王丹丹. "群众"所拥有的财产性收入[J]. 中国统计，2008

（1）：24.

[26] Adam Smith. 国富论[M]. 郭大力，王亚南，译. 北京：商务印书馆，1972.12.

[27] 郭熙保. 论土地制度的变革对农业发展的影响[J]. 经济评论，1995（1）.

[28] 姜晶，姚荣东. 论增加个人财产性收入的意义[J]. 广西青年干部学院学报，2009（1）：63-65+70.

[29] 李炳炎. 共同富裕经济学[M]. 北京：经济科学出版社，2006.

[30] 李济广. 居民财产收入的范围、统计及其对个人收入的影响[J]. 中国地质大学学报（社会科学版），2010（6）：106-112.

[31] 李建平，黄茂兴. 改革开放30年我国分配改革的回眸与展望[J]. 福建师范大学学报，2008（6）.

[32] 李金良. 财产性收入与贫富差距——基于城乡收入差距视角的实证研究[J]. 北京邮电大学学报（社会科学版），2008（3）：49-52.

[33] 李实等. 中国城镇居民的财产分配[J]. 经济研究，2003（3）：16-23+79.

[34] 李实等. 中国居民财产分布不均等及其原因的经验分析[J]. 经济研究，2005（6）：4-15.

[35] 李实. 鼓励财产性收入将会加剧社会财富的集中[J]. 人民论坛，2007（23）：16.

[36] 李实等. 中国居民财产分布研究[N]. 中国经济时报，2005-04-25.

[37] 厉以宁. 论城乡二元体制改革[J]. 北京大学学报（哲学社会科学版），2008（02）：6-8.

[38] 梁玉秋. 社会主义市场经济条件下劳动和劳动价值理论研究[M]. 北京：中共中央党校出版社，2002.

[39] 林发新. 论法学的财产性收入与法律保护[J]. 东南学术，2008（2）：138-143.

[40] 刘飞，谢建文. 关于增加居民农民财产性收入的几点思考[J]. 商业经济，2008（3）：5.

[41] 刘凤根. 财产性收入及其经济效应研究[J]. 湘潭大学学报（哲学社会科学版），2008（5）：40-44.

[42] 刘江会，唐东波. 财产性收入差距、市场化程度与经济增长的关系——基于城乡间的比较分析[J].数量经济技术经济研究，2010（4）：20-33.

[43] 刘茂松. 市场经济论[M]. 长沙：湖南人民出版社，2001：208-210.

[44] 刘巧绒等. 增加农民土地财产性收入的土地产权障碍[J]. 经济研究导刊，2008（11）：63-64.

[45] 刘诗白. 政治经济学[M]. 成都：西南财经大学出版社，2013.

[46] 刘小辉，陈小霞. 证券市场的发展与财产性收入的协整关系研究[J]. 知识经济，2009（4）：47-48.

[47] 刘永泽，陈立军. 中级财务会计[M]. 大连：东北财经大学出版社，2009：15-16.

[48] 陆磊. 中国金融发展中的农村金融转型[J]. 农村金融研究，2007（9）：6-13.

[49] 马克思. 资本论（第1—3卷）[M]. 北京：人民出版社，1975.

[50] 马克思，恩格斯. 马克思恩格斯选集（第1—3卷）[M]. 北京：人民出版社，1995.

[51] 马克思. 政治经济学——马克思主义经典著作选读[M]. 北京：中共中央党校出版社，2012.

[52] 马克思. 资本论（第3卷）[M]. 北京：人民出版社，1995.

[53] 马明德，陈广汉. 中国居民收入不均等：基于财产性收入的分析[J]. 云南财经大学学报，2011（6）：29-35.

[54] 秦交锋. 居民财产性收入增长存在的问题[J]. 人民论坛，2007(23)：21.

[55] Petty, W. 赋税论[M]. 邱霞, 原磊, 译. 北京: 华夏出版社, 2006.05

[56] 舒家先. 财产性收入: 居民收入增量的重要来源[J]. 导之友, 2008（1）.

[57] 舒建玲, 卢海洋. 增加居民财产性收入的意义和措施[J]. 马克思主义与现实, 2008（3）: 145-148.

[58] 宋玉军. 我国大众居民财产性收入的机会创造与政府作为[J]. 经济前沿, 2008（4）: 45-48.

[59] 孙玉丽, 杨国玉. 对增加居民财产性收入的探讨[J]. 经济问题, 2008（12）: 68-71.

[60] 唐泽富. 论我国城镇居民财产性收入的新变化、问题及措施[J]. 2008（12）: 11-12.

[61] 田杨群. 关于财产性收入若干问题的思考[J]. 力研究, 2009（6）.

[62] 王小龙. 马克思劳动价值论若干热点问题研究[D].[硕士学位论文]. 西安: 西安科技大学, 2012.

[63] 王一鸣. 分配制度改革助推经济发展方式转变[N]. 中国经济时报, 2007-11-08（001）.

[64] 威廉·配第. 赋税论（第 1 版）[M]. 北京: 华夏出版社, 2006.

[65] Jean Baptiste Say. 政治经济学概论[M]. 卫兴华, 译. 北京: 经济科学出版社, 2010.

[66] 吴宣恭. 顾劳动收入和非劳动收入[N]. 人民日报, 2003-3-14.

[67] 武力、温锐. 中国收入分配制度的演变及绩效分析[J]. 当代中国史研究, 2006（07）.

[68] 夏锋. 让土地成为农民财产性收入来源[N]. 上海证券报, 2008-03-05（B7）.

[69] 许玉杰. 解读共产党宣言（第 1 版）[M]. 北京: 中国经济出版社, 2010.

[70] 亚当·斯密. 国富论（第 1 版）[M]. 北京: 北京联合出版社, 2013.

[71] 杨波. 试论我国的收入分配问题[J]. 经济研究, 1957 (06).

[72] 杨晖. 我国收入分配制度的演进和理念创新[J]. 兰州大学学报（社会科学版）, 2008 (05).

[73] 易宪容. 关于财产性收入[J]. 银行家, 2008 (09): 130-131.

[74] 易宪容. 民众拥有财产性收入的背景与条件困[N]. 中国经济时报, 2007-11-7.

[75] 于光远, 林子力, 马家驹. 论半社会主义的农业合作社的产品分配[J]. 经济研究, 1955 (02).

[76] 袁金霞. 提高居民财产性收入问题的思考[J]. 特区经济, 2009 (05).

[77] 约翰·贝茨·卡拉克. 财富的分配[M]. 北京: 华夏出版社, 2008.

[78] [美]罗伯特·考特, 托马斯·尤伦. 法和经济学[M]. 张军等, 译. 上海: 上海三联书店, 1991.

[79] 张旭东, 刘铮. 国家统计局专家: 居民财产性收入快速提升是大趋势[EB/OL].

[80] 张玉丽等. 对增加居民财产性收入的探讨[J]. 经济问题, 2008 (12): 68-71.

[81] 张卓元等. 论争与发展: 中国经济理论 50 年[M]. 昆明: 云南人民出版社, 1999.

[82] 赵人伟. "让更多群众拥有财产性收入"的真义[N]. 北京日报, 2007-11-5.

[83] 赵人伟, 李实等. 中国居民收入分配再研究[J]. 经济研究, 1999 (04): 5-19.

[84] 周荔, 曾为群. 我国居民财产性收入: 存在问题及增加策略[J]. 南华大学学报, 2008 (01): 27-30.

[85] 周彦文, 陈莉霞. 试论财产收入的概念、性质和功能[J]. 中南财经政法大学学报, 1998 (01): 12-18.

[86] 中华人民共和国财政部.《企业会计准则——应用指南》附录《会计科目和主要账务处理》[M]. 北京：中国时代经济出版社，2007.

[87] 中国共产党中央委员会. 关于发展农业生产合作社的决议[M]. 北京：人民出版社版，1954.